탁상용
1일 5분
일본어
완전정복

Bansok
반석출판사

1

365

일상적으로
인사할 때

💡 안녕하세요.(아침)

おはようございます。
오하요 고자이마스

💡 안녕하세요.(낮)

こんにちは。
곤니찌와

💡 안녕하세요.(밤)

こんばんは。
곰방와

💡 날씨가 좋네요.
いい天気ですね。
이- 뎅끼데스네

365

365

입사조건을
설명할 때

☕ 직속상관은 영업부장이 되겠습니다.
ちょくぞく じょうし えいぎょうぶちょう
直属の上司は営業部長になります。
쵸꾸조꾸노 죠-시와 에이교-부쵸-니 나리마스

☕ 사원복지에 대해서 알려 주십시오.
ふく りこうせい おし
福利厚生について教えてください。
후꾸리코-세-니츠이떼 오시에떼 구다사이

☕ 업무시간은 어떻게 됩니까?
しゅうぎょう じ かん
就業時間はどうなっていますか。
쇼꾸교-지깐와 도-낫떼이마스까

☕ 현재의 급료는 얼마입니까?
げんざい きゅうりょう
現在の給料はいくらですか。
겐자이노 큐-료-와 이꾸라데스까

☕ 상여는 년 2회입니다.
しょうよ ねんにかい
賞与は年2回です。
쇼-요와 넨 니까이데스

- 잘 지내십니까?
  お元気ですか。
  오겡끼데스까

- 덕분에 잘 지냅니다. 당신은요?
  おかげさまで元気です。あなたのほうは?
  오까게사마데 겡끼데스 아나따노 호-와

- 별일 없으세요?
  お変りありませんか。
  오까와리 아리마셍까

- 요즘은 어떠십니까?
  この頃はいかがですか。
  고노고로와 이까가데스까

- 그저 그렇습니다.
  まあまあです。
  마-마-데스

응모자를 면접할
때

☕ 면접을 와 주셔서 감사합니다.
面接に来ていただき、ありがとうございます。
멘세츠니 키떼이타다끼 아리가토- 고자이마스

☕ 간단히 자기소개를 해 주시겠습니까?
簡単に自己紹介をしていただけますか。
간탄니 지꼬쇼-까이오 시떼이타다께마스까

☕ 당신의 업무 경험에 대해서 말씀해 주십시오.
あなたの業務経験についてお話はなししてく
ださい。
아나따노 교-무케-껜니츠이떼 오하나시 시때꾸다사이

☕ 이 일에서 당신의 능력을 어떻게 활용하겠습니까?
この仕事であなたの能力をどのように活用しますか。
고노시고토데 아나타노 노-료꼬오 도노요-니 카츠요-시마스까

☕ 언제부터 일을 시작할 수 있습니까?
いつから仕事を始められますか。
이츠까라 시고토오 하지메라레마스까

3

365

오랜만에
만났을 때

♥ 오랜만이군요.
おひさしぶりですね。
오히사시 부리데스네

♥ 야, 몇 년 만입니까?
やあ、何年ぶりですか。
야- 난넨부리데스까

♥ 다시 만나서 반갑습니다.
またお会いできてうれしいですね。
마따 오아이데끼떼 우레시-데스네

♥ 여전하군요.
相変らずですね。
아이까와라즈데스네

♥ 별고 없으셨습니까?
お変りありませんでしたか。
오까와리 아리마센데시따까

면접을 받을 때

☕ 인사부 기무라 씨를 뵙고 싶은데요.
人事部の木村さんにお会いしたいのですが。
じんじぶ　　きむら　　　　　あ
진지부노 키무라상니 오아이시다이노데스가

☕ 면접을 보러 왔습니다.
面接にうかがいました。
めんせつ
멘세츠니 우까가이마시타

☕ 귀사의 사업에 무척 흥미를 가지고 있습니다.
御社の事業には、ずっと興味を持っていました。
おんしゃ　じぎょう　　　　　　　きょうみ　も
온샤노 지교-니와 즛또 쿄-미오 못떼이마시타

☕ 귀사는 매우 혁신적인 기술을 가지고 있다고 생각합니다.
御社はとても革新的な技術をお持ちだと思います。
おんしゃ　　　　かくしんてき　ぎじゅつ　　　も　　　　おも
온샤와 도떼모 카끄신떼끼나 기쥬츠오 오모치다또 오모이마스

☕ 지금은 ABC사에서 영업을 하고 있습니다.
今はABC社で営業をしています。
いま　　　　　しゃ　えいぎょう
이마와 에-비-시-샤데 에이교-오 시떼이마스

4

365

안부를 물을 때

🎈 가족 분들은 잘 지내십니까?
ご家族の皆さんは元気ですか。
고가조꾸노 미나상와 겡끼데스까

🎈 모두 잘 지냅니다.
みんな元気です。
민나 겡끼데스

🎈 부모님은 잘 지내십니까?
ご両親はお元気ですか。
고료-싱와 오겡끼데스까

🎈 요즘 어떻게 지내십니까?
この頃どう過されていますか。
고노고로 도- 스고사레떼 이마스까

🎈 그는 건강하게 지내고 있습니다.
彼は元気で過しています。
가레와 겡끼데 스고시떼 이마스

362

365

구인광고를 보고
응모할 때

☕ 신문에 게재된 구인 건으로 전화했습니다.
新聞に掲載された求人の件でお電話しました。
신분니 케-사이사레따 규-진노 켄데 오뎅와시마시타

☕ 귀사의 구인에 대해서 여쭙고 싶은데요.
御社の求人についてうかがいたいのですが。
온샤노 큐-진니츠이떼 우카가이따이노데스가

☕ 어떤 직종이 비어 있나요?
どんな職種に空きがあるのですか。
돈나 쇼꾸슈니 아끼가 아루노데스까

☕ 비서직은 비어 있습니까?
秘書の職に空きはありますか。
히쇼노 쇼꾸니 아끼와 아리마스까

☕ 경리 일에 흥미가 있는데요.
経理の仕事に興味があるのですが。
케-리노 시고토니 교-미가 아루노데스가

5

365

처음 만났을 때의
인사

🎈 처음 뵙겠습니다.
はじめまして。
하지메마시떼

🎈 잘 부탁합니다.
どうぞよろしく。
도-조 요로시꾸

🎈 뵙게 되어 매우 기쁩니다.
お目にかかれてとてもうれしいです。
오메니카까레떼 도떼모 우레시-데스

🎈 뵙게 되어 영광입니다.
お目にかかれて光栄です。
오메니카까레떼 코-에-데스

361

365

해고와 퇴직에
대해서

☕ 그이 해고되었어.

彼、クビになったのよ。

가레 쿠비니 낫따노요

☕ 이 계약이 성립되지 않으면 나는 해고될지도 몰라.

この契約がまとまらなければ、僕はクビかもしれないな。

고노 케-야끄가 마또마라나께레바 보끄와 쿠비까모시레나이나

☕ 당사의 정년은 60세입니다.

当社の定年は６０歳さいです。

토-샤노 테-넨와 로끄쥬-사이데스

☕ 무라이 씨는 경쟁사에 스카우트됐어.

村井さん、ライバル会社に引き抜かれたのよ。

무라이산 라이바루 가이샤니 히끼누까레따노요

☕ 카토는 지난달 퇴직했습니다.

加藤は先月、退職しました。

카또-와 센게츠 따이쇼끄시마시타

6

___

365

상대와 친해지기
위한 질문

💡 어디 태생입니까?
どこのお生(う)まれですか。
도꼬노 오우마레데스까

💡 이곳 생활은 어떻습니까?
こちらの生活(せいかつ)はどうですか。
고찌라노 세-까쯔와 도-데스까

💡 어디에 근무하십니까?
どちらへお勤(つと)めですか。
도찌라에 오쓰또메데스까

💡 어느 학교에 다닙니까?
学校(がっこう)はどちらですか。
각꼬-와 도찌라데스까

💡 가족은 몇 분입니까?
ご家族(かぞく)は何人(なんにん)ですか。
고까조꾸와 난닌데스까

승진에 대해서

☕ 과장으로 승진했어!
課長に昇進したよ！
<small>か ちょう　しょうしん</small>
카쵸-니 쇼-신시따요

☕ 그녀의 승진은 의외야.
彼女の昇進は意外だわ。
<small>かのじょ　しょうしん　い がい</small>
카노죠노 쇼-신와 이가이다와

☕ 제 승진을 고려해 주셨으면 합니다만.
私の昇進を考えていただきたいのですが。
<small>わたし　しょうしん　かんが</small>
와따시노 쇼-신오 캉가에떼 이따다끼따이노데스가

☕ 승진, 축하해!
昇進、おめでとう！
<small>しょうしん</small>
쇼-신 오메데또-

7

365

소개할 때

💬 잠깐 제 소개를 하겠습니다.
ちょっと自己紹介させてください。
촛또 지꼬쇼-까이 사세떼 구다사이

💬 안녕하세요, 저를 기억하십니까?
こんにちは、私のこと覚えてます。
곤니찌와 와따시노 고또 오보에떼마스

💬 죄송합니다. 다른 사람으로 착각했습니다.
すみません、別の人と間違えてしまいました。
스미마셍 베쯔노 히또또 마찌가에떼 시마이마시따

💬 제 명함입니다. 당신 것도 받을 수 있을까요?
名刺をどうぞ。あなたのもいただけますか。
메-시오 도-조 아나따노모 이따다께마스까

💬 다나카 씨를 소개하겠습니다.
田中さんを紹介しましょう。
다나까상오 쇼-까이시마쇼

인사이동에
대해서

☕ 다음 달 오사카 지점으로 전근을 가.
来月、大阪支社に転勤するんだ。
らいげつ　おおさか し しゃ　てんきん
라이게쯔 오-사까시샤니 텐낀스룬다

☕ 다른 부서로 옮기고 싶군.
ほかの部署へ移動したいなぁ。
ぶ しょ　い どう
호까노 부쇼에 이도-시따이나-

☕ 해외거점으로 이동을 희망합니다.
海外拠点への移動を希望します。
かいがいきょてん　　い どう　き ぼう
카이가이쿄텐에노 이도-오 기보-시마스

☕ 본사에서 온 지 얼마 안 되었습니다.
本社から移動してきたばかりです。
ほんしゃ　　い どう
혼샤까라 이도-시떼 키따바까리데스

☕ 그는 시골 지점으로 밀려났어.
彼、田舎の支店にとばされたのよ。
かれ　いなか　し てん
가레 이나까노 시텐니 토바사레따노요

8
365

헤어질 때

🎈 안녕히 가세요.

さようなら。
사요-나라

🎈 안녕히 가세요.

ごきげんよう。
고끼겡요

🎈 언제 가까운 시일에 또 만납시다.

またいずれ近いうちにまた会いましょう。
마따 이즈레 치까이 우찌니 마따 아이마쇼

🎈 그럼, 또 내일 봐요.

では、またあした。
데와 마따 아시따

358

365

일에 몰두할 때

☕ 그 일 제가 하겠습니다.

その仕事、私にやらせてください。

소노 시고토 와타시니 야라세떼 구다사이

☕ 나는 수학에는 강합니다.

私、数学には強いんです。

와타시 수-가쿠니와 츠요인데스

☕ 해 봅시다.

やってみましょう。

얏떼미마쇼-

☕ 이런 일은 잘합니다.

こういった仕事は得意なんです。

고-잇따 시고토와 토꾸이난데스

☕ 해 볼 만한 일입니다.

やりがいのある仕事です。

야리가이노아루 시고토데스

9
365

자리에서
일어날 때

💡 이제 가야겠습니다.

もうおいとまいたします。
모- 오이또마 이따시마스

💡 만나서 반가웠습니다.

お会いできてうれしかったです。
오아이데끼떼 우레시깟따데스

💡 즐거웠습니다.

楽しかったです。
다노시깟따데스

💡 저녁을 잘 먹었습니다.

夕食をごちそうさまでした。
유-쇼꾸오 고찌소-사마데시따

💡 초대해 줘서 고마워요. 정말 즐거웠습니다.

ご招待ありがとう。すっかり楽しんでしまいました。
고쇼-따이 아리가또- 슥까리 다노신데 시마이마시따

357

365

직장에서의 평가

☕ 저 녀석은 일을 잘해.
あいつは仕事ができる。
아이츠와 시고토가 데끼루

☕ 너는 좋은 일을 하고 있어.
君はいい仕事をしているわよ。
기미와 이- 시고토오 시떼이루와요

☕ 좋은 일을 하고 싶어.
いい仕事がしたいね。
이- 시고토가 시따이네

☕ 발상이 독특하군.
発想がユニークだね。
핫소우가 유니-쿠다네

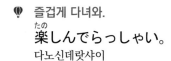

그밖에 작별인사와
안부를 전할 때

💡 즐겁게 다녀와.
たの
楽しんでらっしゃい。
다노신데랏샤이

💡 기무라 선생님께 부디 안부 전해 주십시오.
き むらせんせい   つた
木村先生にどうぞよろしくお伝えください。
기무라 센세-니 도-조 요로시꾸 오쓰따에구다사이

💡 여러분께 안부 전해 주세요.
みな
皆さまによろしく。
미나사마니 요로시꾸

💡 부모님께 안부 전해 주세요.
りょうしん
ご両親によろしく。
고료-신니 요로시꾸

💡 다나카 씨를 우연히 만났는데, 당신에게 안부 전해 달라고 하던데요.
たなか   ぐうぜんあ
田中さんに偶然会いましたら、あなたによろしくとのことでした。
다나까산니 구-젱 아이마시따라 아나따니 요로시꾸또노 꼬또데시따

365

클레임에 대해
대응할 때

☕ 조사해서 즉시 연락드리겠습니다.
お調べして、折り返しご連絡します。
오시라베시떼 오리카에시 고렌라쿠시마스

☕ 당장 그렇게 하겠습니다.
すぐにそう致します。
스구니 소우 이타시마스

☕ 그 문제는 저희들이 처리하겠습니다.
その問題は、私どもで処理致します。
소노 몬다이와 와타시도모데 쇼리이타시마스

☕ 실수로 다른 상품을 보내고 말았습니다.
手違いで別の商品をお送りしてしまいました。
테치가이데 베츠노 쇼우힌오 오오쿠리시떼 시마이마시타

☕ 곧바로 부족분을 보내 드리겠습니다.
すぐに不足分をお送り致します。
스구니 후소쿠분오 오오쿠리이타시마스

고마움을 말할 때

☕ 고마워요.

ありがとう。
아리가또

☕ 네, 고마워요.

はい、どうも。
하이 도-모

☕ 정말로 고맙습니다.

本当にありがとうございます。
혼또-니 아리가또- 고자이마스

☕ 여러모로 신세를 많이 졌습니다.

いろいろお世話になりました。
이로이로 오세와니 나리마시따

클레임을
제기할 때

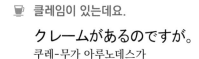

☕ 클레임이 있는데요.

クレームがあるのですが。

쿠레-무가 아루노데스가

☕ 클레임을 담당하는 사람은 누구입니까?

クレームを扱っているのはどなたですか。

쿠레-무오 아츠캇떼 이루노와 도나타데스까

☕ 귀사의 제품에 문제가 있습니다.

御社の製品に問題があります。

온샤노 세이힌니 몬다이가 아리마스

☕ 책임자와 이야기를 하고 싶은데요.

責任者と話をしたいのですが。

세키닌샤또 하나시오 시따이노데스가

☕ 지난주 주문한 상품이 아직 도착하지 않았습니다.

先週注文した商品がまだ届きません。

센슈- 츄-몬시타 쇼우힌가 마다 토도키마센

친절에 대해
고마움을 나타낼
때

☕ 호의에 감사드려요.
ご好意ありがとう。
고코-이 아리가또

☕ 친절히 대해 줘서 고마워요.
ご親切にどうも。
고신세쯔니 도-모

☕ 친절하게 대해 줘서 많은 도움이 되었습니다.
ご親切に、たいへん助かりました。
고신세쯔니 다이헨 다스까리마시따

☕ 덕택에 도움이 되었습니다.
あなたのおかげで助かりました。
아나타노 오까게데 다스까리마시따

☕ 칭찬해 주셔서 고마워요.
誉めていただいて、どうも。
호메떼 이따다이떼 도-모

☕ 귀사의 제품에 대해서 여쭙고 싶은데요.

御社の製品についてうかがいたいのですが。
おんしゃ せいひん

온샤노 세이힌니 츠이떼 우카가이따이노데스가

☕ 귀사의 업무용 프린터의 최신 모델은 무엇입니까?

御社の業務用プリンターの最新モデルは何
おんしゃ ぎょうむよう さいしん なん
です か。

온샤노 교-무요우 푸린타-노 사이신 모데루와 난데스까

☕ RC-707은 재고가 있습니까?

RC-707は在庫がありますか。
ななぜろなな ざいこ

아루시 나나제로나나와 자이코가 아리마스까

☕ 금요일까지 10대 납품해 주시겠습니까?

金曜日までに10台納品していただけますか。
きんようび じゅうだいのうひん

킹요우비마데니 쥬-다이 노우힌시떼 이타다케마스까

☕ 될 수 있으면 빨리 필요한데요.

できるだけ早く必要なのですが。
はや ひつよう

데끼루다께 하야꾸 히츠요우나노데스가

13

365

배려에 대해

고마움을 나타낼

때대

☕ 마중을 나와 주셔서 정말로 고맙습니다.
お出迎えいただいて本当にありがとうございます。
오데무까에 이따다이떼 혼또-니 아리가또- 고자이마스

☕ 알려 줘서 고마워.
知らせてくれてありがとう。
시라세떼 구레떼 아리가또

☕ 격려해 줘서 고마워요.
励ましてくれてありがとう。
하게마시떼 구레떼 아리가또

☕ 만나러 와 줘서 고마워.
会いに来てくれてありがとう。
아이니 기떼 구레떼 아리가또

☕ 음악회 표, 고마웠습니다.
音楽会の切符、ありがとうございました。
옹가꾸까이노 집뿌 아리가또- 고자이마시따

353

365

계약을 할 때

☕ 모든 점에서 합의가 된 것 같군요.
すべての点で合意できたようですね。
てん ごうい
스베테노 텐데 고-이데끼타요우데스네

☕ 구체적인 계약의 내용에 대해서 의논합시다.
契約の詳細について話し合いましょう。
けいやく しょうさい はな あ
케-야쿠노 쇼-사이니 츠이떼 하나시아이마쇼우

☕ 계약 조건을 재검토하고 싶은데요.
契約条件を再検討したいのですが。
けいやくじょうけん さいけんとう
케-야쿠죠-켄오 사이켄토우시따이노데스가

☕ 이 계약은 3년간 유효합니다.
この契約は３年間有効です。
けいやく さんねんかんゆうこう
고노 케-야쿠와 산넨칸 유-코-데스

☕ 이제 계약서에 서명할 수 있을 것 같습니다.
もう契約書にサインできると思います。
けいやくしょ おも
모우 케-야쿠쇼니 사인데끼루또 오모이마스

14

365

선물을 주고받을 때

☕ 선물 무척 고마워요.

プレゼントをどうもありがとう。

푸레젠또오 도-모 아리가또

☕ 멋진 선물을 줘서 고마워요. 풀어도 될까요?

すてきなプレゼントをありがとう。開けてもいいですか。

스떼끼나 푸레젠또오 아리가또- 아께떼모 이-데스까

☕ 저에게 주시는 겁니까? 너무 고마워요.

私にくださるのですか。どうもありがとう。

와따시니 구다사루노데스까 도-모 아리가또

☕ 뜻밖입니다. 너무 고마워요.

思いがけないことです。どうもありがとう。

오모이가께나이 고또데스 도-모 아리가또

☕ 이런 것을 전부터 갖고 싶었습니다.

こういう物を前から欲しいと思っていました。

고-유- 모노오 마에까라 호시-또 오못떼 이마시따

가격과 조건의

교섭

☕ 가격에 대해서 말씀드리고 싶은데요.
価格についてお話ししたいのですが。
가카쿠니 츠이떼 오하나시시따이노데스가

☕ 가격에 대해서는 어느 정도 생각하십니까?
価格についてはどれくらいお考えですか。
가카쿠니 츠이떼와 도레쿠라이 오캉가에데스까

☕ 귀사의 최저 가격을 제시해 주십시오.
御社の最低価格を提示してください。
온샤노 사이테이 가카쿠오 테이지시떼 구다사이

☕ 견적도 내 주십시오.
見積もりをつくってください。
미츠모리오 츠쿳떼 구다사이

☕ 단가는 얼마입니까?
単価はいくらですか。
탄까와 이꾸라데스까

15

365

격식을 차려
고마움을 표현할 때

☕ 그렇게 해 주시면 무척 고맙겠습니다만.

そうしていただければ、とてもありがたいのですが。
소- 시떼 이따다께레바 도떼모 아리가따이노데스가

☕ 친절을 베풀어 주셔서 정말 감사하고 있습니다.

ご親切に、本当に感謝しております。
고신세쯔니 혼또-니 간샤시떼 오리마스

☕ 저희 회사에 방문해 주셔서 깊은 감사를 드립니다.

ご来社くださり厚くお礼を申し上げます。
고라이샤 구다사리 아쯔꾸 오레-오 모-시아게마스

☕ 뭐라 감사의 말씀을 드려야 좋을지 모르겠습니다.

何と御礼を申したらいいのかわかりません。
난또 오레-오 모-시따라 이-노까 와까리마셍

☕ 아무리 감사를 드려도 부족할 정도입니다.

いくら感謝してもしきれないほどです。
이꾸라 간샤시떼모 시끼레나이 호도데스

판매 대응할 때

☕ 흥미로운 제안입니다.
興味深いご提案です。
쿄-미부카이 고테이안데스

☕ 확인하고 싶은 점이 몇 가지 있습니다.
確認したい点がいくつあります。
카쿠닌시따이 텐가 이쿠쯔 아리마스

☕ 이전 것에 비해 어떤 점이 향상되어 있습니까?
前のに比べてどんな点が向上しているのですか。
마에노니 쿠라베떼 돈나 텐가 코우죠-시떼 이루노데스가

☕ 예를 들어 주시겠습니까?
例を挙げていただけますか。
레-오 아게떼 이타다케마스까

☕ 더 구체적으로 설명해 주시겠습니까?
もっと具体的に説明していただけますか。
못또 구따이떼끼니 세츠메이시떼 이타다께마스까

고마움 표시에
대한 응답

☕ 천만에요.

どういたしまして。
도- 이따시마시떼

☕ 천만에요. 도움이 되어서 기쁩니다.

どういたしまして。お役に立ててうれしいです。
도- 이따시마시떼 오야꾸니 다떼떼 우레시-데스

☕ 천만에요. 감사할 것까지는 없습니다.

どういたしまして。礼にはおよびません。
도- 이따시마시떼 레-니와 오요비마셍

☕ 저야말로 감사합니다.

こちらこそどうもありがとう。
고찌라꼬소 도-모 아리가또

350

365

제품을 권할 때

☕ 이 제품의 특장에 대해서 설명드리겠습니다.
この製品の特長についてご説明します。
고노 세이힌노 토쿠쵸-니 츠이떼 고세츠메이시마스

☕ 이것은 혁신적인 제품입니다.
これは革新的な製品です。
고레와 카쿠신떼끼나 세이힌데스

☕ 최첨단의 기술을 도입하고 있습니다.
最先端の技術を取り入れています。
사이센탄노 기쥬츠오 토리이레떼 이마스

☕ 이 제품은 상당한 수요가 전망됩니다.
この製品にはかなりの需要が見込まれます。
고노 세이힌니와 카나리노 쥬요우가 미코마레마스

☕ 커다란 주목을 받고 있습니다.
大きな注目を集めています。
오오키나 츄-모쿠오 아츠메떼 이마스

☕ 실례합니다만, 일본 분입니까?

失礼ですが、日本の方ですか。
しつれい　　　　　　　　にほん　かた

시쯔레-데스가 니혼노 가따데스까

☕ 실례합니다만, 성함을 여쭤도 되겠습니까?

失礼ですが、お名前をうかがってよろしい
しつれい　　　　　なまえ
ですか。

시쯔레-데스가 오나마에오 우까갓떼 요로시-데스까

☕ 잠깐 실례합니다. 지나가도 될까요?

ちょっとすみません。通り抜けてもいいでし
　　　　　　　　　　　とお　ぬ
ょうか。

촛또 스미마셍 도-리누께떼모 이-데쇼-까

☕ 잠깐 실례하겠습니다. 곧 돌아오겠습니다.

ちょっと失礼します。すぐ戻ります。
　　　　しつれい　　　　　　もど

촛또 시쯔레-시마스 스구 모도리마스

제품을 소개할 때

☕ 아마, 당사의 제품명을 들으셨을 거라고 생각합니다.

おそらく、当社の製品名をお聞きになった
ことがあると思います。

오소라꾸 토-샤노 세이힌메이오 오키키니낫따 고또가 아루또 오모이마스

☕ 이것과 비슷한 제품을 사용하신 적은 있습니까?

これに似た製品をお使いになったことはありますか。

고레니 니타 세이힌오 오츠카이니낫따 고또와 아리마스까

☕ 오늘은 당사의 신제품을 소개해드리고 싶습니다.

今日は、当社の新製品をご紹介したいと思います。

쿄-와 토-샤노 신세이힌오 고쇼-카이시따이토 오모이마스

☕ 이것이 당사의 최신제품입니다.

これが当社の最新製品です。

고레가 토-샤노 사이신세이힌데스

☕ 지난주에 갓 발매되었습니다.

先週、発売されたばかりです。

센슈- 하츠바이사레타바카리데스

사죄를 할 때

☕ 미안해요.

ごめんなさい。

고멘나사이

☕ 미안합니다.

すみません。

스미마셍

☕ 너무 죄송했습니다.

どうもすみませんでした。

도-모 스미마셍데시따

☕ 너무 죄송해요. 그럴 생각이 아니었어요.

どうもすみません。そんなつもりじゃなかったんです。

도-모 스미마셍 손나 쯔모리쟈 나깟딴데스

☕ 뭐라고 사죄를 드려야 좋을지 모르겠습니다.

何とお詫びしてよいかわかりません。

난또 오와비시떼 요이까 와까리마셍

348

365

회사를 소개할 때

☕ 우선 당사의 개요와 사업에 대해서 설명드리겠습니다.
まず、当社の概要と事業についてご説明します。
마즈 토-샤노 가이요우토 지교-니 츠이테 고세츠메이시마스

☕ ABC사는 한국의 대형 식품회사입니다.
ABC社は、韓国の大手食品会社です。
ABC샤와 칸코쿠노 오-떼 쇼쿠힌카이샤데스

☕ XYZ사는 혁신적인 네트워크 사업을 하는 회사입니다.
XYZ社は、革新的なネットワーク事業会社です。
XYZ샤와 카쿠신떼끼나 넷토와-쿠지교-카이샤데스

☕ 당사는 각종 혁신적인 서비스로 알려져 있습니다.
当社は各種の革新的なサービスで知られています。
토-샤와 카쿠슈노 카쿠신떼끼나 사-비스데 시라레떼 이마스

☕ 퍼스널컴퓨터 판매로는 한국에서 제3위입니다.
パソコンの販売では、韓国で第3位です。
파소콘노 한바이데와 칸코쿠데 다이산이데스

365

행위에 대해
사과할 때

☕ 늦어서 미안합니다.
遅くなってすみません。
오소꾸낫떼 스미마셍

☕ 폐를 끼쳐 드려서 죄송합니다.
ご迷惑をおかけして申し訳ありません。
고메-와꾸오 오까께시떼 모-시와께 아리마셍

☕ 이렇게 되고 말아 죄송합니다.
こんなことになってしまってごめんなさい。
곤나 고또니 낫떼 시맛떼 고멘나사이

☕ 기다리게 해서 죄송했습니다.
お待たせしてすみませんでした。
오마따세시떼 스미마센데시따

☕ 미안해요. 부주의였습니다.
すみません。不注意でした。
스미마셍 후쮸-이데시다

거래처를
방문할 때

☕ 기무라 씨와 면회 약속을 하고 싶은데요.

木村さんとお会いする約束したいのですが。

키무라상토 오아니스루 야쿠소쿠시따이노데스가

☕ 말씀드릴 게 있는데요.

お話ししたいことがあるのですが。

오하나시시따이 고또가 아루노데스가

☕ 계약 변경에 대해서 말씀드리고 싶습니다.

契約の変更についてお話ししたいと思います。

케-야쿠노 헨코우니 츠이떼 오하나시시타니또 오모이마스

☕ 신제품을 보여 드리고 싶습니다.

新製品をお見せしたいと思います。

신세-힌오 오미세시따이또 오모이마스

용서를 구할 때

☕ 제발 용서해 주세요.
どうか許してください。
도-까 유루시떼 구다사이

☕ 용서해 주시겠습니까?
許していただけますか。
유루시떼 이따다께마스까

☕ 앞으로는 주의를 하겠습니다.
今後は気をつけます。
공고와 기오 츠께마스

☕ 어쩔 수 없었습니다.
仕方がなかったんです。
시까따가 나깟딴데스

☕ 폐를 끼쳐 드릴 생각은 없었습니다.
ご迷惑をおかけするつもりはなかったのです。
고메-와꾸오 오까께스루 쯔모리와 나깟따노데스

346

365

인터넷 활용에
대해서

☕ 귀사는 홈페이지가 있습니까?

御社にはホームページがありますか。

온샤니와 호-무페-지가 아리마스까

☕ 상세한 것은 저희 회사의 홈페이지를 보십시오.

詳しいことは、弊社のホームページをご覧
ください。

쿠와시이 고또와 헤-샤노 호-무페-지오 고란구다사이

☕ 이 정보는 인터넷에서 모았습니다.

この情報はインターネットで集めたんで
す。

고노 죠-호우와 인타-넷토데 아츠메탄데스

365

사진·용서에
대한 응답

☕ 괜찮아요.

いいんですよ。
이인데스요

☕ 괜찮아요. 아무것도 아닙니다.

大丈夫。何でもありませんよ。
다이죠-부 난데모 아리마셍요

☕ 대수로운 것은 아닙니다.

たいしたことはありませんよ。
다이시따 고또와 아리마셍요

☕ 상관없어요.

かまいませんよ。
가마이마셍요

☕ 괜찮아요. 걱정하지 마세요.

いいんですよ。気にしないでください。
이인데스요 기니 시나이데 구다사이

345

365

컴퓨터 조작에
대해서

이 소프트웨어 사용법을 가르쳐 주세요.

このソフトウェアの使い方を教えてください。

고노 소후토웨아노 츠카이카타오 오시에떼 구다사이

이 소프트웨어, 좀 복잡해.

このソフトウェア、少し複雑なのよ。

고노 소후토웨아 스코시 후쿠자츠나오요

익숙해지면 문제가 없을 거야.

慣れれば問題ないと思うわ。

나레레바 몬다이나이토 오모우와

패스워드는 가지고 있니?

パスワードは持っている?

파스와-도와 못떼 이루

이 데이터베이스를 사용한 적이 있습니까?

このデータベースを使ったことはありますか。

고노 데-타베-스오 츠캇따 고또와 아리마스까

365

축하할 때

☕ 축하합니다.

おめでとうございます。
오메데또- 고자이마스

☕ 생일 축하해.

^{たんじょう び}誕生日おめでとう。
탄죠-비 오메데또

☕ 졸업, 축하해.

ご^{そつぎょう}卒業おめでとう。
고소쯔교- 오메데또

☕ 승진을 축하드립니다.

ご^{しょうしん}昇進おめでとうございます。
고쇼-싱 오메데또- 고자이마스

344

365

동료와 대화를
나눌 때

☕ 오늘은 일이 잘 진척되었어.
今日は仕事がはかどったね。
쿄-와 시고토가 하카돗타네

☕ 이 상태로 부탁해.
この調子で頼むよ。
고노 쵸-시데 타노무요

☕ 일이 진척이 안 돼.
仕事が進まないなぁ。
시고토가 스스마나이나-

☕ 일에 집중할 수 없어.
仕事に集中できないんだ。
시고토니 슈-츄-데끼나인다

☕ 무슨 좋은 기획이 생각났니?
何かいい企画を思いついた?
난까 이- 키카쿠오 오보이츠이따

23

365

기원 · 축복을
할 때

☕ 부디 행복하세요.

どうぞお幸せに。

도-조 오시아와세니

☕ 새해 복 많이 받아요.

新年おめでとう。

신넹 오메데또

☕ 새해 복 많이 받아요.

あけましておめでとうございます。

아께마시떼 오메데또- 고자이마스

☕ 메리 크리스마스!

メリークリスマス!

메리- 쿠리스마스!

☕ 발렌타인데이, 축하해.

バレンタインデー、おめでとう。

바렌따인데- 오메데또

343

365

휴가에 대해서

☕ 내일은 반나절 쉽니다.

明日は半休をとります。

마스와 한큐-오 토리마스

☕ 이번 금요일에 휴가를 얻고 싶습니다만.

今度の金曜日、休みを取りたいのですが。

곤도노 킹요우비 야스미오 토리따이노데스가

☕ 8월 15일부터 1주일간 휴가를 받아도 됩니까?

8月15日から1週間、休暇を取ってもいいですか。

하치가츠 쥬-고니치까라 잇슈우칸 큐-카오 톳떼모 이-데스까

☕ 휴가 중에는 쿠보 씨가 내 일을 맡아서 계속합니다.

休暇中は、久保さんが私の仕事を引き続きます。

큐-카츄-와 쿠보상가 와타시노 시고토오 히키츠스키마스

환영할 때

☕ 잘 오셨습니다.

ようこそ。

요-꼬소

☕ 참으로 잘 와 주셨습니다.

ようこそおいでくださいました。

요-꼬소 오이데 구다사이마시따

☕ 한국에 잘 오셨습니다.

ようこそ韓国へ。

요-꼬소 캉꼬꾸에

☕ 입사를 환영합니다.

入社を歓迎します。

뉴-샤오 캉게-시마스

☕ 기무라 씨, 진심으로 환영합니다.

木村さん、心より歓迎いたします。

기무라상 고꼬로요리 캉게- 이따시마스

342

365

출퇴근에 대해서

☕ 매일 아침 9시에 출근합니다.
毎朝、9時に出勤します。
마이아사 구지니 슛킨시마스

☕ 오늘 아침에도 간신히 제시간에 도착했어.
今朝もかろうじて間に合ったぞ。
케사모 마로우지떼 마니앗따조

☕ 잠깐 쉬자.
ひと休みしよう。
히토야스미시요우

☕ 오늘은 이만 끝내자.
今日はこれで切り上げよう。
쿄-와 고레데 키리아게요우

☕ 오늘은 6시 정각에 먼저 가겠습니다.
今日は6時ちょうどに失礼します。
쿄-와 로쿠지쬬-도니 시츠레이시마스

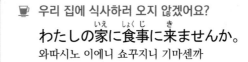

25

365

초대를
제의할 때

☕ 우리 집에 식사하러 오지 않겠어요?

わたしの家に食事に来ませんか。

와따시노 이에니 쇼꾸지니 기마센까

☕ 이번 일요일 저녁에 식사하러 오시지 않겠습니까?

今度の日曜の夕方、お食事にいらっしゃいませんか。

곤도노 니찌요-노 유-가따 오쇼꾸지니 이랏샤이마센까

☕ 근간 함께 식사라도 하시지요.

そのうちいっしょに食事でもいたしましょうね。

소노 우찌 잇쇼니 쇼꾸지데모 이따시마쇼-네

☕ 언제 놀러 오세요.

いつか遊びに来てください。

이쯔까 아소비니 기떼 구다사이

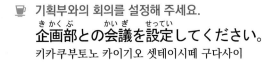
회의에 관해서

☕ 기획부와의 회의를 설정해 주세요.
企画部との会議を設定してください。
키카쿠부토노 카이기오 셋테이시떼 구다사이

☕ 회의를 시작합시다.
会議を始めましょう。
카이기오 하지메마쇼우

☕ 오늘 의제는 다음 회기의 영업전략입니다.
今日の議題は、来期の営業戦略です。
쿄-노 기다이와 라이키노 에-교-센랴쿠데스

☕ 이 회의의 목적은 광고활동에 대해서 의논하는 것입니다.
この会議の目的は宣伝活動について話し合う
ことです。
고노 카이기노 모쿠떼끼와 센덴카츠도-니 츠이테 하나시아
우 고토데스

☕ 솔직한 의견을 말씀하십시오.
率直なご意見をお聞かせください。
솟쵸쿠나 고이켄오 오키카세떼 구다사이

초대를
승낙할 때

☕ 기꺼이 가겠습니다.

喜んでうかがいます。

요로꼰데 우까가이마스

☕ 물론 가겠습니다.

もちろん行きます。

모찌롱 이끼마스

☕ 꼭 가겠습니다.

きっと行きます。

깃또 이끼마스

☕ 초대해 줘서 고마워.

招いてくれてありがとう。

마네이떼 구레떼 아리가또

☕ 좋지요.

いいですねえ。

이-데스네

340

365

도움을 요청할 때

☕ 그 일 안 도와줄래?
その仕事、手伝ってくれない。
소노 시고토 테츠닷떼 쿠레나이

☕ 스케줄이 무척 빡빡해.
スケジュールがとてもきついよ。
스케쥬-르가 도떼모 키츠이요

☕ 혼자서는 무리야.
ひとりでは無理だわ。
히또리데와 무리다와

☕ 힘에 벅차.
僕の手に余るよ。
보꾸노 테니 아마루요

☕ 이것을 해 주면 고맙겠는데요.
この分をやってくれるとありがたいのですが。
고노분오 얏떼 쿠레루토 아리가따이노데스가

27

365

초대를
거절할 때

☕ 유감스럽지만 갈 수 없습니다.
残念ながら行けません。
잔넨나가라 이께마셍

☕ 그날은 갈 수 없을 것 같은데요.
その日は行けないようですが。
소노히와 이께나이 요-데스가

☕ 공교롭게 그때는 바쁩니다.
あいにくその時は忙しいんです。
아이니꾸 소노 또끼와 이소가시인데스

☕ 꼭 그렇게 하고 싶은데, 유감스럽지만 안 되겠어요.
ぜひそうしたいのですが、残念ながらだめなんです。
제히 소-시따이노데스가 잔넨나가라 다메난데스

☕ 가고 싶은 마음은 태산 같은데…….
行きたいのはやまやまですが……。
이끼따이노와 야마야마데스가…

339

365

일의 진행상황을
점검할 때

☕ 상황은 어때?

状況はどう?

죠-쿄-와 도우

☕ 현재 상황으로는 순조롭습니다.

いまのところ順調です。

이마노 토꼬로 쥰쵸-데스

☕ 예정보다 순조롭게 진행되고 있습니다.

予定より順調に進んでいます。

요떼이요리 쥰쵸-니 스슨데 이마스

☕ 새로운 기획은 언제부터 착수할 수 있습니까?

新しい企画にはいつからとりかかれますか。

아따라시이 키카쿠니와 이쯔까라 토리카가레마스까

☕ 새로운 프로젝트는 어떻게 되었나?

新しいプロジェクトはどうなっているの?

아따라시이 푸로젝쿠토와 도우낫떼 이루노

방문한 곳의
현관에서

☕ 기무라 씨 댁이 맞습니까?

木村さんのお宅はこちらでしょうか。

기무라산노 오따꾸와 고찌라데쇼-까

☕ 요시다 씨는 댁에 계십니까?

吉田さんはご在宅ですか。

요시다상와 고자이따꾸데스까

☕ 김입니다. 야마자키 씨를 뵙고 싶습니다만.

金です。山崎さんにお目にかかりたいんで
すが。

김데스 야마자끼산니 오메니카까리따인데스가

☕ 기무라 씨와 3시에 약속을 했는데요.

木村さんと3時に約束してありますが。

기무라산또 산지니 약소꾸시떼 아리마스가

스케줄을
확인할 때

☕ 오늘 스케줄은 어떻게 되어 있습니까?

今日のスケジュールはどうなっていますか。

쿄-노 스케쥬-루와 도우 낫떼 이마스까

☕ 새 비서 후보의 면접이 있습니다.

新しい秘書の候補者の面接があります。

아따라시이 히쇼노 고-호샤노 멘세쯔가 아리마스

☕ 기무라 씨와 점심 약속이 있습니다.

木村さんと昼食の約束があります。

키무라상또 츄-쇼쿠노 야쿠소쿠가 아리마스

☕ 오후에는 쭉 외출합니다.

午後はずっと外出します。

고고와 줏또 가이슈츠시마스

집 안에 들어서서

☕ 좀 일찍 왔습니까?
ちょっと来るのが早すぎましたか。
촛또 구루노가 하야스기마시따까

☕ 늦어서 죄송합니다.
遅くなってすみません。
오소꾸낫떼 스미마셍

☕ (선물을 내밀며) 이걸 받으십시오.
これをどうぞ。
고레오 도-조

☕ 일하시는 데에 방해가 되지 않았으면 좋겠는데요.
仕事のお邪魔にならなければいいのですが。
시고또노 오쟈마니 나라나께레바 이-노데스가

☕ 실례합니다만, 화장실은 어디?
失礼ですが、トイレは?
시쯔레-데스가 토이레와

365

해수욕을 즐길 때

바다는 좋아합니까?
海は好きですか。
우미와 스키데스까

매년 여름에는 해수욕을 갑니다.
毎年、夏は海水浴に行きます。
마이토시 나츠와 카이스이요쿠니 이끼마스

바닷바람이 상쾌하군요.
潮風が心地好いですね。
시오카제가 고꼬치요이데스네

모래가 뜨거워 맨발로 걸을 수 없군요.
砂が熱くて裸足で歩けませんね。
스나가 아츠쿠떼 하다시데 아루케마센네

햇볕에 그을려 등이 따가워요.
日焼けで背中がぴりぴりしますよ。
히야캐데 세나까가 삐리삐리시마스요

방문을 마칠 때

☕ 슬슬 일어나겠습니다.

そろそろおいとまします。

소로소로 오이또마시마스

☕ 너무 시간이 늦어서요.

もう時間が遅いですから。

모- 지깐가 오소이데스까라

☕ 무척 즐거웠어. 정말로 고마워.

とても楽しかった。ほんとうにありがとう。

도떼모 다노시깟따 혼또-니 아리가또

☕ 정말로 말씀 즐거웠습니다.

本当に楽しくお話しできました。

혼또-니 다노시꾸 오하나시 데끼마시따

☕ 오늘은 만나서 즐거웠습니다.

今日は会えてうれしかったです。

쿄-와 아에떼 우레시깟따데스

336

365

야유회를 즐길 때

🎈 오늘은 가족끼리 피크닉을 갑니다.
今日は家族でピクニックに行きます。
쿄-와 가조쿠데 피쿠닛쿠니 이키마스

🎈 피크닉에 가장 좋은 장소는 어디죠?
ピクニックに最適な場所はどこでしょう。
피쿠닛쿠니 사이떼끼나 바쇼와 도꼬데쇼우

🎈 도시락, 차, 돗자리도 잊지 마세요.
お弁当、お茶、敷物も忘れないでね。
오벤또우 오챠 시키모노모 와스레나이데네

🎈 해변에서 캠프를 칩시다.
海辺でキャンプしましょう。
우미베데 칸푸시마쇼우

🎈 여기서 텐트를 칩시다.
ここにテントを張りましょう。
고꼬니 텐토오 하리마쇼우

31

365

방문을 받았을 때

☕ 누구십니까?

どちら様でしょうか。

도찌라사마데쇼-까

☕ 잘 오셨습니다.

ようこそいらっしゃいました。

요-꼬소 이랏샤이마시따

☕ 어서 오세요. 무척 기다리고 있었습니다.

ようこそ。楽しみにお待ちしていました。

요-꼬소 다노시미니 오마찌시떼 이마시따

☕ 이런 건 가지고 오시지 않아도 되는데. 고마워요.

そんなことなさらなくても良かったのに。ありがとう。

손나 고또 나사라나꾸떼모 요깟따노니 아리가또

등산을 즐길 때

🎈 오늘은 등산하기에 좋은 날씨이군요.
今日はいい山登りの日和ですね。
쿄-와 이- 야마노보리노 히요리데스네

🎈 등산을 가려면 무엇을 준비하면 될까요?
登山に行くには何を準備したらいいですか。
토잔니 이쿠니와 나니오 쥰비시타라 이-데스까

🎈 안전한 코스가 있습니까?
安全なコースがありますか。
안젠나 코-스가 아리마셍까

🎈 정상까지 앞으로 어느 정도 걸립니까?
頂上まであとどれくらいかかりますか。
쵸-죠-마데 아또 도레구라이 카카리마스까

🎈 지쳤는데 조금 쉬었다 가지 않을래요?
疲れたので少し休んで行きませんか。
츠가레따노데 스꼬시 야슨데 이키마셍까

방문객을 안으로
안내하여
접대할 때

☕ 자 들어오십시오.
どうぞお入りください。
도-조 오하이리 구다사이

☕ 이쪽으로 오십시오.
こちらへどうぞ。
고찌라에 도-조

☕ 이쪽으로 앉으십시오.
こちらへおかけください。
고찌라에 오까께 구다사이

☕ 자, 편히 하십시오.
どうぞくつろいでください。
도-조 구쓰로이데 구다사이

☕ 커피를 드시겠습니까?
コーヒーはいかがですか。
코-히-와 이까가데스까

해양스포츠를
즐길 때

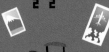

💡 라이선스는 금방 받습니까?

ライセンスはすぐに手に入りますか。

라이센스와 스구니 테니 하이리마스까

💡 무엇이 낚입니까?

何が釣れるのですか。

나니가 츠레루노데스까

💡 가이드가 딸린 보트를 부탁합니다.

ガイドつきのボートをお願いします。

가이도츠키노 보-토오 오네가이시마스

💡 낚시도구와 미끼도 필요합니다.

釣り道具とエサも必要です。

츠리도-구토 에사모 히츠요우데스

💡 어떤 종류의 크루징이 있습니까?

どんな種類のクルージングがありますか。

돈나 쥬루이노 쿠루-징구가 아리마스까

33
365

손님을 배웅할
때의 인사

☕ 벌써 가시겠습니까?

もうお帰りですか。

모- 오까에리데스까

☕ 저녁이라도 드시고 가지 않겠습니까?

夕食を召し上がって行きませんか。

유-쇼꾸오 메시아갓떼 이끼마셍까

☕ 저야 괜찮습니다.

わたしの方はかまわないんですよ。

와따시노 호-와 가마와나인데스요

☕ 그럼, 만류하지는 않겠습니다.

それじゃ、お引き留めはいたしません。

소레쟈 오히끼또메와 이따시마셍

☕ 와 주셔서 저야말로 즐거웠습니다.

来ていただいて、こちらこそ楽しかったです。

기떼 이따다이떼 고찌라꼬소 다노시깟따데스

333

365

스키를 즐길 때

💡 스키를 탄 적이 있습니까?

スキーをやったことがありますか。

스키-오 얏따 고토가 아리마스까

💡 레슨을 받고 싶은데요.

レッスンを受けたいのですが。

렛슨오 우케따이노데스가

💡 스키 용품은 어디서 빌릴 수 있습니까?

スキー用具はどこで借りることができますか。

스키-요-구와 도꼬데 카리루고토가 데끼마스까

💡 초보자용 사면은 어디입니까?

初心者向けの斜面はどこですか。

쇼신샤 무케노 야멘와 도꼬데스까

💡 저 리프트를 타세요.

あのリフトに乗ってください。

아노 리후토니 놋께 구다사이

약속을 제의할 때

☕ 지금 방문해도 될까요?

これからお邪魔してもいいでしょうか。

고레까라 오쟈마시떼모 이-데쇼-까

☕ 말씀드리러 찾아뵈어도 될까요?

お話ししにうかがってもいいですか。

오하나시시니 우까갓떼모 이-데스까

☕ 언제 시간이 있으면 뵙고 싶습니다만.

いつかお時間があればお目にかかりたいのですが。

이쯔까 오지깡가 아레바 오메니 가까리따이노데스가

☕ 오늘, 조금 있다가 뵐 수 있을까요?

今日、のちほどお目にかかれますでしょうか。

쿄- 노찌호도 오메니 가까레마스데쇼-까

332

365

승마를 즐길 때

🎈 말을 타 보고 싶은데요.
馬に乗ってみたいのですが。
우마니 놋떼미따이노데스가

🎈 저는 초보입니다.
私は初心者です。
와따시와 쇼신샤데스

🎈 초보자라도 괜찮습니까?
初心者でも大丈夫ですか。
쇼신샤데모 다이죠-부데스까

🎈 어느 정도 시간 동안 탑니까?
どのくらいの時間乗るのですか。
도노쿠라이노 지칸 노루노데스까

약속 시간과
사정에 대해서

☕ 언제가 가장 시간이 좋습니까?
いつがいちばん都合がいいですか。
이즈가 이찌방 쯔고-가 이-데스까

☕ 금요일 밤은 시간이 됩니까?
金曜の夜は都合がいいですか。
깅요-노 요루와 쓰고-가 이-데스까

☕ 토요일 오후 3시는 어때요?
土曜の午後3時はどうです?
도요-노 고고 산지와 도-데스

☕ 이번 일요일에 무슨 약속이 있습니까?
今度の日曜日、何か約束がありますか。
곤도노 니찌요-비 나니까 약소꾸가 아리마스까

☕ 몇 시까지 시간이 비어 있습니까?
何時まで時間があいてますか。
난지마데 지깡가 아이떼마스까

🎈 주로 어떤 수영을 합니까?

主におと<ruby>泳<rt>およ</rt></ruby>ぎをしますか。

오모니 돈나 오요기오 시마스까

🎈 저는 전혀 수영을 못합니다.

<ruby>私<rt>わたし</rt></ruby>はまったくの<ruby>金<rt>かな</rt></ruby>づちです。

와따시와 맛타꾸노 카나즈치데스

🎈 평영이 가장 자신이 있습니다.

<ruby>平<rt>ひら</rt></ruby><ruby>泳<rt>およ</rt></ruby>ぎがもっとも<ruby>自<rt>じ</rt></ruby><ruby>信<rt>しん</rt></ruby>があります。

히라오요기가 못또모 지신가 아리마스

🎈 귀에 물이 들어간 것 같습니다.

<ruby>耳<rt>みみ</rt></ruby>に<ruby>水<rt>みず</rt></ruby>が<ruby>入<rt>はい</rt></ruby>ったみたいです。

미미니 미즈가 하잇따미따이데스

🎈 헤엄치기 전에 우선 준비체조를 합시다.

<ruby>泳<rt>およ</rt></ruby>ぐ<ruby>前<rt>まえ</rt></ruby>にまず<ruby>準<rt>じゅん</rt></ruby><ruby>備<rt>び</rt></ruby><ruby>体<rt>たい</rt></ruby><ruby>操<rt>そう</rt></ruby>しましょう。

오요구 마에니 마즈 쥰비타이소-시마쇼우

36

365

만날 장소를
정할 때

☕ 어디서 만날까요?

どこで会いましょうか。

도꼬데 아이마쇼-까

☕ 어디서 만나는 게 가장 좋을까요?

どこがいちばん都合がいいですか。

도꼬가 이찌반 쓰고-가 이-데스까

☕ 일이 끝나면 5시에 사무실 앞에서 만날까요?

仕事が終わったら5時に事務所の前で会いましょうか。

시고또가 오왓따라 고지니 지무쇼노 마에데 아이마쇼-까

☕ 신주쿠 역에서 3시 무렵에 만나기로 합시다.

新宿駅で3時ごろ待ち合わせましょう。

신쥬꾸 에끼데 산지고로 마찌아와세마쇼-

골프를 즐길 때

🎈 골프를 치고 싶은데요.

ゴルフをしたいんですが。

고르후오 시타인데스가

🎈 예약을 부탁합니다.

予約をお願いします。

요야쿠오 오네가이시마스

🎈 오늘 플레이할 수 있습니까?

今日、プレーできますか。

쿄- 푸레-데끼마스까

🎈 그린피는 얼마입니까?

グリーンフィーはいくらですか。

구린피-와 이쿠라데스까

🎈 그 요금은 카트 대금도 포함됩니까?

その料金はカート代込ですか。

고노 료-낑와 카-토다이 코미데스까

37

365

약속을 승낙할 때

☕ 좋아요. 그럼 그때 만납시다.

いいですよ。じゃ、その時に会いましょう。

이-데스요 쟈 소노 또끼니 아이마쇼

☕ 그게 좋겠습니다.

それで好都合です。

소레데 고-쯔고-데스

☕ 저도 그때가 좋겠습니다.

わたしもそれで都合がいいです。

와따시모 소레데 쯔고-가 이-데스

☕ 언제든지 좋으실 때 하십시오.

いつでもお好きな時にどうぞ。

이쯔데모 오스끼나 도끼니 도-조

☕ 저는 어디든지 좋아요. 당신은?

私はどちらでも都合がいいですよ。あなたは?

와따시와 도찌라데모 쯔고-가 이-데스요 아나따와

야구를 즐길 때

일본에서 가장 인기가 있는 스포츠는 뭡니까?

日本でいちばん人気のあるスポーツは何ですか。

니혼데 이찌방 닌키노 아루 스뽀-츠와 난데스까

자이언츠는 누가 등판할까?

ジャイアンツは誰が登板するのかな。

쟈이안츠와 다레가 토-반스루노까나

저 투수는 커브를 잘 던져.

あのピッチャーのカーブよく切れるよ。

아노 핏쨔-노 카-브 요꾸 키레루요

만루가 되었어.

満塁になったよ。

만루이니낫따요

또 삼진! 이대로는 역전도 어려워.

また三振! このままじゃ逆転もむずかしいよ。

마따 산신 고노마마쟈 갸쿠텐모 무즈카시이요

38

365

약속을 거절할 때

☕ 유감스럽지만, 오늘 오후는 안 되겠습니다.
残念ながら今日の午後はだめなんです。
잔넨나가라 쿄-노 고고와 다메난데스

☕ 미안하지만, 오늘은 하루 종일 바쁩니다.
すみませんが、今日は一日中忙しいのです。
스미마셍가 쿄-와 이찌니찌쮸- 이소가시-노데스

☕ 정말로 미안하지만, 이번 주에는 시간이 없습니다.
本当にすまないけど、今週は時間がないんです。
혼또-니 스마나이께도 곤슈-와 지깡가 나인데스

☕ 아쉽게도 약속이 있습니다.
あいにくと約束があります。
아이니꾸또 약소꾸가 아리마스

☕ 오늘은 좀 그런데, 내일은 어때요?
今日はまずいけど、明日はどうです?
쿄-와 마즈이께도 아시따와 도-데스

♥ 축구는 좋아하십니까?
サッカーはお好きですか。
삿카-와 스키데스까

♥ 어느 팀을 응원합니까?
どちらのチームを応援しますか。
도치라노 치-무오 오-엔시마스까

♥ 멋진 슛이군요.
素晴らしいシュートですね。
스바라시이 슈-토데스네

♥ 저 선수 일부러 발을 걸었어.
あの選手、わざと足を引っかけたよ。
아노 센슈 와자토 아시오 힛카케타요

♥ 저 선수는 발도 빠르고 패스도 잘하는군요.
あの選手は足も速いし、パスも上手ですね。
아노 센슈와 아시모 하야이시 파스모 죠-즈데스네

39

365

약속을 지킬 수
없거나 변경할 때

☕ 다른 날로 해 주실 수 없을까요?
別の日にしていただけないでしょうか。
베쯔노 히니 시떼 이따다께나이데쇼-까

☕ 급한 일이 생겨서 갈 수 없습니다.
急用ができてしまって行けません。
큐-요-가 데끼떼 시맛떼 이께마셍

☕ 다음 달까지 연기해 주실 수 없습니까?
来月まで延ばしていただけませんか。
라이게쯔마데 노바시떼 이따다께마셍까

☕ 정말로 미안합니다만, 약속을 지킬 수 없습니다.
本当にすみませんが、お約束が果たせません。
혼또-니 스미마셍가 오약소꾸가 하따세마셍

☕ 폐가 되지 않다면 괜찮겠습니까?
ご迷惑にならなければよろしいのですか。
고메-와꾸니 나라나께레바 요로시-노데스까

327

365

스포츠 관전과 중계

🎈 스포츠는 좋아합니까?

スポーツは好きですか。

스뽀-츠와 스키데스까

🎈 복싱 시합을 보는 것은 좋아합니까?

ボクシングの試合を観るのは好きですか。

보끄싱구노 시아이오 미루노가 스키데스까

🎈 유도 시합을 보신 적이 있습니까?

柔道の試合をご覧になったことがありますか。

쥬-도-노 시아이오 고란니낫따 고토가 아리마스까

🎈 특히 야구와 축구를 보는 것을 좋아합니다.

特に野球とサッカーを観るのが好きです。

토쿠니 야큐-또 삿카-오 미루노가 스키데스

🎈 이번 주말에 도쿄돔에 가지 않을래요?

今度の週末に東京ドームへ行きませんか。

곤도노 슈-마츠니 토-쿄-도-무에 이끼마센까

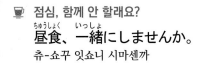
함께 식사하기를
제안할 때

☕ 점심, 함께 안 할래요?
昼食、一緒にしませんか。
츄-쇼꾸 잇쇼니 시마센까

☕ 밖에서 뭐라도 간단히 먹읍시다.
外で何か簡単に食べましょう。
소또데 나니까 간딴니 다베마쇼

☕ 이 가게에서 초밥이라도 먹읍시다.
この店で寿司でも食べましょう。
고노 미세데 스시데모 다베마쇼

☕ 오늘 저녁은 제가 내겠습니다.
今夜は私のおごりです。
공야와 와따시노 오고리데스

스포츠를 화제로
할 때

🎈 뭔가 운동을 하십니까?

何<small>なに</small>かスポーツをおやりですか。

나니까 스뽀-츠오 오야리데스까

🎈 어떤 스포츠를 하십니까?

どんなスポーツをおやりになりますか。

돈나 스뽀-츠오 오야리니나리마스까

🎈 스포츠에 흥미가 있습니까?

スポーツに興味<small>きょうみ</small>がありますか。

스뽀-츠니 쿄-미가 아리마스까

🎈 골프와 야구를 합니다.

ゴルフと野球<small>やきゅう</small>をやります。

고르후토 야큐-오 야리마스

🎈 스포츠라면 뭐든지 합니다.

スポーツなら何<small>なん</small>でもござれです。

스뽀-츠나라 난데모 고자레데스

식사를 권할 때

☕ 자 어서, 마음껏 먹으세요.

さあどうぞ、ご自由に食べてください。

사- 도-조 고지유-니 다베떼 구다사이

☕ 잘 먹겠습니다.

いただきます。

이따다끼마스

☕ 따뜻할 때 드십시오.

温かいうちに召し上がってください。

아따까이 우찌니 메시아갓떼 구다사이

☕ 고기를 좀 더 드시겠습니까?

肉をもう少しいかがですか。

니꾸오 모- 스꼬시 이까가데스까

☕ 아뇨 됐습니다. 많이 먹었습니다.

いや結構です。十分いただきました。

이야 겟꼬-데스 쥬-분 이따다끼마시따

여가 활용에
대해

♥ 무엇을 하면서 여가를 즐기십니까?
何をして余暇を楽しみますか。
나니오 시테 요카오 타노시미마스까

♥ 기분 전환으로 어떤 것을 하십니까?
気晴らしにどんなことをなさいますか。
키바라시니 돈나 고토오 나사이마스까

♥ 한가한 때는 무엇을 하십니까?
お暇な時きは何をなさいますか。
오히마나 도끼와 나니오 나사이마스까

♥ 자주 근처를 산책하고 있습니다.
よく近所を散歩してます。
요꾸 킨죠오 산뽀시떼마스

식사를 마칠 때

☕ 잘 먹었습니다.

ごちそうさまでした。
고찌소-사마데시따

☕ 많이 먹었습니다.

たっぷりいただきました。
답뿌리 이따다끼마시따

☕ 배가 부릅니다. 더 이상 한 입도 먹지 못하겠습니다.

おなかがいっぱいです。これ以上一口も食べられません。
오나까가 입빠이데스 고레 이죠- 히또쿠찌모 다베라레마셍

☕ 모두 정말로 맛있게 먹었습니다.

何もかも実においしくいただきました。
나니모까모 지쯔니 오이시꾸 이따다끼마시따

☕ 멋진 저녁이었습니다.

すばらしい夕食でした。
스바라시- 유-쇼꾸데시따

신경외과에서

🎈 얼굴이 붓습니다.

<ruby>顔<rt>かお</rt></ruby>がむくんでいます。

카오가 무쿤데 이마스

🎈 어깨가 결립니다.

<ruby>肩<rt>かた</rt></ruby>がこります。

카타가 고리마스

🎈 손발이 저립니다.

<ruby>手足<rt>て あし</rt></ruby>がしびれます。

테아시가 시비레마스

🎈 손발이 마비되었습니다.

<ruby>手足<rt>て あし</rt></ruby>が<ruby>麻痺<rt>ま ひ</rt></ruby>しました。

테아시가 마히시마시타

🎈 쥐가 납니다.

こむらがえりを<ruby>起<rt>お</rt></ruby>こします。

코무라가에리오 오코시마스

43

365

음료를 마실 때

☕ 커피를 한 잔 마실까요?

コーヒーを一杯飲みましょうか。

코-히-오 입빠이 노미마쇼-까

☕ 커피와 홍차 중에 어느 것을 좋아합니까?

コーヒーと紅茶とどちらが好きですか。

코-히-또 코-쨔또 도찌라가 스끼데스까

☕ 커피입니다. 향기를 매우 좋아합니다.

コーヒーです。香りがとても好きです。

코-히-데스 가오리가 도떼모 스끼데스

☕ 신선한 토마토 주스가 좋겠군요.

新鮮なトマトジュースのほうがいいですね。

신센나 토마토 쥬-스노 호-가 이-데스네

☕ 뜨거운 커피와 아이스커피 중에 어느 것으로 하겠습니까?

ホットとアイスのどちらにしますか。

홋또또 아이스노 도찌라니 시마스까

정신과에서

♥ 마음이 울적합니다.
気持ちがふさぎこんでいます。
키모치가 후사기콘데 이마스

♥ 늘 불안합니다.
いつもくよくよしています。
이쯔모 쿠요쿠요시떼 이마스

♥ 생각이 정리되지 않습니다.
考えがまとまりません。
칸가에가 마토마리마센

♥ 쉽게 화를 냅니다.
怒りっぽくなりました。
오꼬릿뽀꾸 나리마시타

♥ 감정의 기복이 심합니다.
感情の起伏が激しいのです。
칸죠-노 키후쿠가 하게시이노데스

44

365

질문할 때 쓰이는
의문사 (なに)

👅 지금 무얼 하고 있습니까?
今、何をしてるんですか。
이마 나니오 시떼룬데스까

👅 무엇부터 시작할까요?
何から始めましょうか。
나니까라 하지메마쇼-까

👅 무슨 용건이시죠?
何のご用件でしょうか。
난노 고요-껜데쇼-까

👅 그건 몇 층에 있습니까?
それは何階にありますか。
소레와 낭가이니 아리마스까

이비인후과에서

🎈 오른쪽 귀가 쑤시고 아픕니다.
右耳がうずいて痛みます。
みぎみみ　　　　　　　いた
미기 미미가 우즈이떼 이타미마스

🎈 한쪽 귀가 윙윙 울립니다.
片方の耳がゴロゴロ鳴ります。
かたほう　みみ　　　　　　　な
카타보우노 미미가 고로고로 나리마스

🎈 요즘 약간 귀가 멀었습니다.
このごろ少し耳が遠くなりました。
　　　　すこ みみ　とお
고노고로 스꼬시 미미가 도-쿠 나리마시타

🎈 귀에서 고름이 나옵니다.
耳垂れが出ます。
みみだ　　　で
미미다레가 데마스

🎈 귀가 울립니다.
耳鳴りがします。
みみな
미미나리가 시마스

45

365

질문할 때 쓰이는
의문사 (だれ·
どなた·どれ)

🎁 누구를 추천할까요?

誰を推薦しましょうか。

다레오 스이센시마쇼-까

🎁 누구한테 그 이야기를 들었습니까?

誰からその話を聞いたのですか。

다레까라 소노 하나시오 기이따노데스까

🎁 누구와 마시고 싶니?

誰と飲んでみたい?

다레또 논데 미따이

🎁 누구십니까?

どなたさまでしょうか。

도나따사마데쇼-까

🎁 어느 것으로 하겠어요?

どれにしますか。

도레니 시마스까

321

365

안과에서

眼이 아파지거나 머리가 아프기도 합니다.
目が痛くなったり、頭痛がしたりします。
메가 이타꾸낫따리 즈추-가 시타리시마스

눈이 아파서 눈물이 나옵니다.
目が痛くて涙が出てきます。
메가 이타쿠떼 나미다가 데떼키마스

눈이 부십니다.
目がちかちかします。
메가 치카치카시마스

오른쪽 눈이 쑤십니다.
右目がずきずきします。
미기메가 즈키즈키시마스

아파서 눈을 뜰 수 없습니다.
痛くて目を開けていられません。
이타쿠떼 메오 아케떼 이라레마센

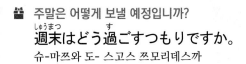

46

365

질문할 때 쓰이는
의문사 (どう・
どうして)

🎒 주말은 어떻게 보낼 예정입니까?

週末はどう過ごすつもりですか。

슈-마쯔와 도- 스고스 쯔모리데스까

🎒 오늘 날씨는 어떻습니까?

今日の天気はどうなんですか。

쿄-노 텡끼와 도-난데스까

🎒 차는 어떻게 드시겠습니까?

お茶はどのようになさいますか。

오쨔와 도노요-니 나사이마스까

🎒 여기에서의 생활은 어떻습니까?

ここでの生活はどうですか。

고꼬데노 세-까쯔와 도-데스까

🎒 왜 그런 말을 하니?

どうしてそんなこと言うの?

도-시떼 손나 고또 이우노

320

365

치과에서

🍷 차가운 물을 마실 때마다 이가 몹시 아픕니다.
冷たい水を飲むたびに歯がひどく痛いんです。
츠메따이 미즈오 노무타비니 하가 히도꾸 이타인데스

🍷 그 이는 단것을 먹으면 아픕니다.
その歯は甘い物を食べると痛みます。
고노 하와 아마이 모노오 타베루토 이타미마스

🍷 잇몸은 가끔 약간의 통증이 있습니다.
歯茎にときどき鈍い痛みがあります。
하구키니 토끼도끼 니부이 이타미가 아리마스

🍷 충치가 몇 개 있는 것 같습니다.
虫歯が何本かあると思います。
무시바가 난본카 아루토 오모이마스

🍷 이가 하나 흔들거립니다.
歯が一本ぐらぐらしています。
하가 잇뽄 구라구라시떼 이마스

질문할 때 쓰이는
의문사(いくら・
どの)

♟ 전부 해서 얼마입니까?

全部でいくらですか。

젬부데 이꾸라데스까

♟ 이 비디오는 얼마에 샀습니까?

このビデオはいくらで買ったのですか。

고노 비데오와 이꾸라데 갓따노데스까

♟ 거리는 여기에서 어느 정도입니까?

距離はここからどのくらいですか。

쿄리와 고꼬까라 도노쿠라이데스까

♟ 시간은 어느 정도 걸립니까?

時間はどのくらいかかりますか。

지깡와 도노쿠라이 가까리마스까

♟ 서울에는 어느 정도 머무르십니까?

ソウルにはどのくらい滞在されますか。

소우루니와 도노쿠라이 타이자이사레마스까

319

365

비뇨기과에서

🎈 소변이 잘 나오지 않습니다.

尿が出にくいのです。

뇨-가 데니꾸이노데스

🎈 배뇨할 때에 요도가 무척 아픕니다.

排尿するときに、尿道がすごく痛むのです。

하이뇨-스루도끼니 뇨-도-가 스고쿠 이타무노데스

🎈 오줌이 전혀 나오지 않고 아랫배가 답답합니다.

尿がまったく出ず、下腹が苦しいのです。

뇨-가 맛타쿠 데즈 시타하라가 쿠루시노데스

🎈 성병에 감염되었는지도 모르겠습니다

性病に感染しているかもしれません。

세-뵤-니 칸센시떼이루까모 시레마센

48

365

질문할 때 쓰이는
의문사 (いつ)

🎁 생일은 언제입니까?

誕生日はいつですか。

탄죠-비와 이쯔데스까

🎁 언제 여기로 이사를 왔습니까?

いつここへ引越して来たのですか。

이쯔 고꼬에 힉꼬시떼 기따노데스까

🎁 언제쯤 완성되겠습니까?

いつごろ出来上がりますか。

이쯔고로 데끼아가리마스까

🎁 이 좋은 날씨가 언제까지 계속될까?

このいい天気はいつまで続くかな。

고노 이- 텡끼와 이쯔마데 쯔즈꾸까나

🎁 언제까지 서류를 완성할 예정입니까?

いつまでに書類はできる予定ですか。

이쯔마데니 쇼루이와 데끼루 요떼-데스까

피부과에서

💡 무좀이 심합니다.
みずむし
水虫がひどいのです。
미즈무시가 히도이노데스

💡 해수욕으로 피부가 심하게 탔습니다.
かいすいよく　　　　　　　ひや　お
海水浴でひどい日焼けを起こしました。
카이스이요쿠데 히도이 히야케오 오코시마시타

💡 엉덩이에 종기가 생겼습니다.
しり
お尻におできができました。
오시리니 오데키가 데끼마시타

💡 손바닥에 수포가 생겼습니다.
て　　　　　　すいほう
手のひらに水疱ができました。
테노 히라니 스이보-가 데끼마시타

💡 살갗에 빨간 점이 있습니다.
はだ　あか
肌に赤いボツボツがあります。
하다니 아까이 보츠보츠가 아리마스

질문할 때 쓰이
는 의문사(どちら·
どこ)

📅 고국(고향)은 어딥니까?
お国はどちらですか。
<ruby>国<rt>くに</rt></ruby>
오꾸니와 도찌라데스까

📅 일본의 어디에서 태어났습니까?
お生まれは日本のどちらですか。
오우마레와 니혼노 도찌라데스까

📅 어디에 사십니까?
どちらにお住まいですか。
도찌라니 오스마이데스까

📅 어디에 근무하십니까?
どちらへお勤めですか。
도찌라에 오쓰또메데스까

📅 실례합니다만, 남성용 화장실은 어디에 있습니까?
**失礼ですが、男性用のトイレはどこにあり
ますか。**
시쯔레-데스가 단세-요-노 토이레와 도꼬니 아리마스까

소아과에서

🎈 우리 아이가 머리가 아프다고 합니다.

うちの子供が頭が痛いと言うのです。

우치노 고도모가 아타마가 이따이토 유-노데스

🎈 아이가 귀가 아프다고 합니다.

子供が耳が痛いと言います。

고도모가 미미가 이따이토 이-마스

🎈 아이가 열이 많이 납니다.

子供が高熱を出しました。

고도모가 고-네쯔오 다시마시타

🎈 숨소리가 거칠고 괴로워 보입니다.

息づかいが荒くて、苦しそうです。

이끼즈카이가 아라쿠떼 쿠루시소-데스

🎈 어젯밤부터 설사를 합니다.

ゆうべから下痢をします。

유-베까라 게리오 시마스

🏫 예를 들면?

たとえば?

다또에바

🏫 이 단어의 뜻을 압니까?

この単語の意味がわかりますか。

고노 당고노 이미가 와까리마스까

🏫 이 한자는 어떻게 읽니?

この漢字はどのように読むの?

고노 칸지와 도노 요-니 요무노

🏫 이것과 이것의 차이는 무엇입니까?

これとこれの違いは何ですか。

고레또 고레노 치가이와 난데스까

🎈 월경이 고르지 못합니다.

月経が不純です。

겟케-가 후준데스

🎈 임신한 게 아닐까요?

妊娠したのではないでしょうか。

닌신시타노데와나이데쇼-까

🎈 아이를 갖고 싶은데 생기지 않습니다.

子供がほしいのに、生まれないのです。

고도모가 호시이노니 우마레나이노데스

🎈 입덧이 심합니다.

つわりがひどいのです。

츠와리가 히도이데스

🎈 인공수정을 하고 싶습니다.

人工受精をしたいです。

진코-쥬세-오 시타니데스

51

365

긍정응답의 표현

📅 네, 그렇습니다.

はい、そうです。

하이 소-데스

📅 네, 알겠습니다.

はい、分(わ)かりました。

하이 와까리마시따

📅 네, 간 적이 있습니다.

はい、行(い)ったことがあります。

하이 잇따 고또가 아리마스

📅 네, 정말입니다.

はい、本当(ほんとう)です。

하이 혼또-데스

315

365

외과에서

♥ 발목을 삔 것 같은데요.
足首を捻挫したらしいのですが。
아시쿠비오 넨자시타라시이노데스가

♥ 허리가 아파서 움직일 수 없습니다.
腰が痛くて動けません。
고시가 이타꾸떼 우고께마센

♥ 걸으면 정강이가 아픕니다.
歩くとすねが痛みます。
아루꾸토 스네가 이타미마스

♥ 요즘 늘 일어나려면 어깨가 아픕니다.
このごろ、いつも起きがけに肩が痛みます。
고노고로 이쯔모 오끼가케니 가타가 이타미마스

♥ 목이 뻣뻣해져 움직일 수 없습니다.
首が堅くなって動かせません。
구비가 카타꾸낫떼 우고카세마센

부정응답의 표현

🗣 아뇨, 그렇지 않습니다.

いいえ、そうじゃありません。
이-에 소-쟈 아리마셍

🗣 아뇨, 아직입니다.

いいえ、まだです。
이-에 마다데스

🗣 아뇨, 다릅니다.

いいえ、違います。
이-에 치가이마스

🗣 아뇨, 이제 됐습니다.

いいえ、もう結構です。
이-에 모- 겟꼬-데스

🗣 아뇨, 좋아합니다.

いいえ、好きです。
이-에 스끼데스

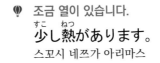
내과에서

💗 조금 열이 있습니다.

少し熱があります。

스꼬시 네쯔가 아리마스

💗 머리가 깨지듯이 아픕니다.

頭が割れるように痛みます。

아타마가 와레루요우니 이타미마스

💗 쿡쿡 쑤시듯이 배가 아픕니다.

ちくちく刺すようにおなかが痛みます。

치쿠치쿠 사스요우니 오나까가 이타미마스

💗 배탈이 났습니다.

おなかを壊しました。

오나카가 고와시마시타

53

365

권유나 허락의
요구에 긍정할 때

예, 그렇게 하세요.

ええ、どうぞ。
에- 도-조

네, 좋아요.

はい、いいですよ。
하이 이-데스요

네, 그렇게 하십시오.

はい、どうぞ。
하이 도-조

예, 괜찮습니다.

ええ、かまいません。
에- 가마이마셍

자, 쓰십시오.

どうぞお使いください。
도-조 오쯔까이 구다사이

겨울에 관한 표현

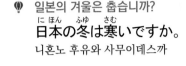

🎈 일본의 겨울은 춥습니까?

日本の冬は寒いですか。

니혼노 후유와 사무이데스까

🎈 눈이 오지나 않을까요?

雪になるんじゃないでしょうか。

유끼니 나룬쟈나이데쇼우까

🎈 밖에는 눈이 내리고 있어요.

外は雪が降っていますよ。

소또와 유끼가 훗떼이마스요

🎈 이거 첫눈이군요.

これは初雪ですね。

고레와 하츠유끼데스네

🎈 어젯밤에는 서리가 내렸습니다.

昨夜は霜が降りました。

사꾸야와 시모가 오리마시타

54

365

권유나 허락의
요구에 부정할 때

🎄 아뇨, 안 됩니다.

いや、だめです。

이야 다메데스

🎄 미안합니다. 안 됩니다.

すみません、だめです。

스미마셍 다메데스

🎄 미안합니다, 제가 쓰려고 생각하고 있습니다.

すみません、自分で使おうと思ってるんです。

스미마셍 지분데 쯔까오-또 오못떼룬데스

🎄 그렇게 하지 마세요.

そうしないでください。

소- 시나이데 구다사이

🎄 아니오, 삼가 주세요.

いいえ、ご遠慮ください。

이-에 고엔료 구다사이

가을에 관한 표현

🎈 시원해서 기분이 좋군요.
涼しくて気持ちがいいですね。
스즈이꾸떼 키모치가 이-데스네

🎈 이 지방은 대체로 시원해서 쾌적합니다.
当地はだいたい涼しくて快適なんです。
토-치와 다이따이 스즈시꾸떼 카이테끼난데스네

🎈 시원해졌군요.
涼しくなってきましたね。
스즈시꾸낫떼 키마시타네

🎈 나뭇잎은 모조리 단풍들었습니다.
木の葉はすっかり紅葉しました。
코노하와 슷카리 코-요-시마시타

🎈 버섯 따기와 단풍잎 줍기를 즐겼습니다.
キノコ狩りと紅葉狩りを楽しみました。
키노꼬가리또 모미지가리오 타노시미마따

상대의 말에
의문을 갖고
맞장구칠 때

그렇습니까?

そうですか。
소-데스까

그랬습니까?

そうでしたか。
소-데시따까

앗, 정말이세요?

あっ、本当ですか。
앗 혼또-데스까

그래요? 몰랐습니다.

そうですか、知りませんでした。
소-데스까 시리마센데시따

여름에 관한 표현

🎈 여름이 기다려집니다.
夏休みが楽しみです。
나쯔야스미가 타노시미데스

🎈 장마가 들었습니다.
梅雨に入っています。
츠유니 하잇떼 이마스

🎈 장마가 개여서 다행이군요.
梅雨が明けてよかったですね。
츠유가 아케데 요깟따데스네

🎈 천둥이 쾅쾅 울리는 것이 들립니까?
雷がごろごろ鳴っているのが聞こえますか。
카미나리가 고로고로 낫떼이루노가 키꼬에마스까

🎈 이렇게 덥지 않으면 좋겠는데요.
こんなに暑くなければいいのですが。
곤나니 아쯔꾸나케레바 이-노데스가

자연스럽게
맞장구칠 때

🎬 과연.

なるほど。

나루호도

🎬 맞습니다.

そのとおりです。

소노 도-리데스

🎬 저도 그렇게 생각해요.

わたしもそう思いますね。

와따시모 소- 오모이마스네

🎬 글쎄, 그렇게도 말할 수 있겠군요.

まあ、そうも言えるでしょうね。

마- 소-모 이에루데쇼-네

🎬 그렇군요.

そうなんですよね。

소-난데스요네

310

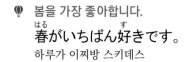

365

봄에 관한 표현

♥ 봄을 가장 좋아합니다.
<ruby>春<rt>はる</rt></ruby>がいちばん<ruby>好<rt>す</rt></ruby>きです。
하루가 이찌방 스키데스

♥ 다시 봄이 되어 기쁜군요.
また<ruby>春<rt>はる</rt></ruby>になってうれしいですね。
마따 하루니낫떼 우레시이데스네

♥ 매화는 이제 2, 3일이면 활짝 핍니다.
<ruby>梅<rt>うめ</rt></ruby>はもう2、3<ruby>日<rt>にち</rt></ruby>で<ruby>満開<rt>まんかい</rt></ruby>になります。
우메와 모우 니산이찌데 만까이니나리마스

♥ 벚꽃은 지금이 절정기입니다.
<ruby>桜<rt>さくら</rt></ruby>はいまが<ruby>見<rt>み</rt></ruby>ごろですよ。
사꾸라와 이마가 미고로데스요

상대의 말에
동감을 표시할 때

👥 저도 그렇습니다.
私もそうなんです。
와따시모 소-난데스

👥 저도 그렇게 생각합니다.
私もそう思います。
와따시모 소- 오모이마스

👥 전적으로 동감입니다.
まったく同感です。
맛따꾸 도-깐데스

👥 저도 못합니다.
私にもできません。
와따시니모 데끼마셍

👥 그렇습니까, 저도 그렇습니다.
そうですか、私もです。
소-데스까 와따시모데스

휴일을 보낼 때

🎈 낮잠을 자고 싶군.

昼寝をしたいな。

히루네오 시따이나

🎈 아기 기저귀를 갈아 줄래?

赤ちゃんのおむつを取り替えてくれる?

아까쨩노 오무쯔오 토리카에떼 쿠레루

🎈 캐치볼을 하자.

キャッチボールをしよう。

캿치보-루오 시요-

🎈 먼지투성이구나.

ほこりっぽいなあ。

호꼬릿뽀이나

🎈 이 방은 통풍이 나빠.

この部屋の中は風通しが悪い。

고노 헤야노 나까와 카제토오시가 와루이

58

365

되물을 때

🎁 예(뭐죠)?

はい?
하이

🎁 뭡니까?

<ruby>何<rt>なん</rt></ruby>ですか。
난데스까

🎁 미안합니다, 뭐라고 하셨습니까?

すみません、<ruby>何<rt>なん</rt></ruby>と<ruby>言<rt>い</rt></ruby>ったのですか。
스미마셍 난또 잇따노데스까

🎁 잘 모르겠습니다만.

よくわからないのですが。
요꾸 와까라나이노데스가

365

잠자리에 들 때

💡 이제 잘 시간이다.
もう、寝る時間よ。
모우 네루지칸요

💡 일찍 자거라.
早く寝なさい。
하야꾸 네나사이

💡 8시에 자명종이 울리도록 맞춰 놨어.
8時に目覚まし時計が鳴るようにセットしたよ。
하찌지니 메자마시도케이가 나루요우니 셋또시타요

💡 내일은 7시에 깨워 줘요.
あした7時に起こしてね。
아시따 시찌지니 오코시떼네

💡 안녕히 주무세요.
おやすみなさい。
오야스미나사이

59

365

다시 한 번 말해
달라고 할 때

🎙 다시 한 번 말해 주겠어요?
もう一度言ってくれますか。
모- 이찌도 잇떼 구레마스까

🎙 미안합니다. 다시 한 번 말씀해 주시겠습니까?
すみません、もう一度言ってくださいませんか。
스미마셍 모- 이찌도 잇떼 구다사이마셍까

🎙 못 알아듣겠습니다. 다시 한 번 부탁합니다.
聞き取れません。もう一度お願いします。
기끼토레마셍 모- 이찌도 오네가이시마스

🎙 너무 빨라서 모르겠습니다. 천천히 말해 주겠어요?
速すぎてわかりません。ゆっくり話してくれませんか。
하야스기떼 와까리마셍 육꾸리 하나시떼 구레마셍까

🎙 더 확실히 말해 주겠어요?
もっとはっきり話してくれますか。
못또 학끼리 하나시떼 구레마스까

저녁에 쉴 때

🎈 무얼 하고 있니?

何をやってるの?
なに

나니오 얏떼루노

🎈 무슨 재미있는 프로를 하니?

何かおもしろい番組ぐみをやってる?
なに　　　　　　　　　ばん

나니까 오모시로이 반구미오 얏떼루

🎈 채널을 바꿔 주지 않겠니?

チャンネルを換えてくれないか。
か

챤네루오 카에떼 쿠레나이까

🎈 텔레비전을 더 보고 싶어.

もっとテレビが見たいよ。
み

못또 테레비가 미따이요

🎈 이제 패미컴은 그만해라.

もうファミコンは止めなさい。
や

모우 파미코무와 야메나사이

60

365

이해가 안 될 때

📅 모르겠습니다.
分かりません。
와까리마셍

📅 정말로 모르겠어요.
本当に知らないんです。
혼또-니 시라나인데스

📅 도무지 모르겠습니다.
さっぱり分かりません。
삽빠리 와까리마셍

📅 조사해 봐야 알겠습니다.
調べてみないと分かりません。
시라베떼 미나이또 와까리마셍

📅 그건 금시초문인데요.
それは初耳ですね。
소레와 하쯔미미데스네

저녁을 먹을 때

🎈 엄마, 오늘 저녁은 뭐예요?

ママ、今日の夕食はなあに?

마마 쿄-노 유-쇼쿠와 나-니

🎈 저녁은 무얼 지을까?

夕食は何を作ろうかな。

유-쇼쿠와 나니오 츠쿠로우까나

🎈 저녁은 뭘 먹고 싶니?

晩ご飯は何が食べたい?

반고항와 나니가 타베따이

🎈 저녁 준비를 거들어 주겠니?

ご飯の支度を手伝ってくれる?

고항노 시타쿠오 테츠닷떼 쿠레루

🎈 저녁밥 다 됐어?

晩ご飯できた?

반고항 데키따

61
365

제안·권유를
할 때

📅 제안이 있는데요.
提案があるんですが。
데-앙가 아룬데스가

📅 도와줄까요?
手伝いましょうか。
데쓰다이마쇼-까

📅 정하기 전에 다시 한 번 생각해 보세요.
決める前にもう一度よく考えてみてください。
기메루 마에니 모- 이찌도 요꾸 강가에떼 미떼 구다사이

📅 이건 어떻습니까?
これはいかがですか。
고레와 이까가데스까

305

365

집에 돌아와서 외출할 때

놀러 가도 돼?

遊(あそ)びに行(い)っていい?

아소비니 잇떼 이-

학원에 다녀올게요.

塾(じゅく)に行(い)ってきます。

쥬쿠니 잇떼 키마스

용돈 좀 주세요.

お小遣(こづか)いをちょうだい。

오코즈카이오 쵸-다이

심부름 좀 갔다 오렴.

お使(つか)いに行(い)ってきて。

오츠카이니 잇떼 키떼

제안·권유를
받아들일 때

🎙 기꺼이.

喜んで。
요로꼰데

🎙 부디 마음대로.

どうぞご自由に。
도-조 고지유-니

🎙 알겠습니다.

かしこまりました。
가시꼬마리마시따

🎙 말씀하신 대로 하겠어요.

おっしゃるとおりにします。
옷샤루 도-리니 시마스

🎙 나에게 맡겨 주세요.

私に任せてください。
와따시니 마까세떼 구다사이

304

365

집에 돌아왔을 때

🎈 다녀왔어요.

ただいま。

타다이마

🎈 오늘은 어땠니?

今日はどうだった?

쿄-와 오우닷따

🎈 배가 고픈데.

おなかがすいた。

오나까가 스이따

🎈 역시 집이 좋군!

やっぱり家はいいな。

얏빠리 이에와 이-나

🎈 목욕물을 데워 놨어.

お風呂がわいてるわよ。

오후로가 와이떼루와요

제안·권유를
거절할 때

- 그렇게 할 수 있으면 좋겠지만…….

  そうできればいいんだけど……。

  소- 데끼레바 이인다께도

- 아니오, 됐습니다.

  いいえ、けっこうです。

  이-에 겟꼬데스

- 죄송하지만, 저는 도움이 되어 드릴 수 없습니다.

  お気の毒ですが、私は力になれません。

  오끼노 도꾸데스가 와따시와 치까라니 나레마셍

- 유감스럽게도 급한 일이 들어왔습니다.

  残念ながら、急用が入ってしまいました。

  잔넨나가라 큐-요-가 하잇떼 시마이마시따

- 다른 용무가 있어서.

  ほかに用事があるので。

  호까니 요-지가 아루노데

303

365

외출할 때

🎈 자, 다녀올게요. 엄마.

じゃあ、行ってきます。お母さん。

쟈- 잇떼키마스 오까아상

🎈 스웨터를 뒤집어 입었어.

セーターを裏返しに着ているよ。

세-타-오 우라가에시니 키떼이루요

🎈 오늘은 무얼 하니?

今日は何をするの?

쿄-와 나니오 스루노

🎈 빨리 하지 않으면 지각해.

早くしないと遅刻するわよ。

하야꾸 시나이토 치코쿠스루와요

🎈 학교에 늦겠다.

学校に遅れるわよ。

각꼬-니 오쿠레루와요

부탁할 [ldo

부탁이 있는데요.
お願いがあるんですが。
오네가이가 아룬데스가

잠깐 괜찮겠어요?
ちょっといいですか。
촛또 이-데스까

펜을 빌려주시지 않겠어요?
ペンを貸していただけませんか。
펭오 가시떼 이따다께마센까

좀 여쭙고 싶은데요.
ちょっとお聞きしたいのですが。
촛또 오키끼시따이노데스가

302

365

외출을 준비할 때

🎈 머리를 빗어야 해.
髪の毛をとかさなくちゃ。
카미노케오 토카사나쿠쨔

🎈 아침밥을 먹기 전에 세수를 해라.
朝ご飯の前に顔を洗いなさい。
아사고항노 마에니 카오오 아라이나사이

🎈 아침 먹을 시간이다.
朝食の時間だ。
쵸-쇼쿠노 지칸다

🎈 무얼 입을까?
何を着ようかな。
나니오 키요-까나

65

365

부탁을 받았을 때

📅 무슨 일이죠?
何でしょうか。
난데쇼-까

📅 무슨 문제라도?
何か問題でも?
나니까 몬다이데모

📅 먼저 하세요.
お先にどうぞ。
오사끼니 도-조

📅 할게.
するよ。
스루요

📅 알았어!
了解!
료-까이

일어날 때까지

💡 일어날 시간이야!
起きる時間よ!
오끼루 지깐요

💡 빨리 일어나라.
早く起きなさい。
하야꾸 오끼나사이

💡 잘 잤니?
よく眠れた?
요꾸 네무레타

💡 몸이 안 좋니?
具合が悪いの?
구아이가 와루이노

대답을 보류할 때

 생각 좀 하겠습니다.
考えさせてください。
강가에사세떼 구다사이

 생각할 시간을 주세요.
考える時間をください。
강가에루 지깡오 구다사이

 생각해 보겠습니다.
考えておきます。
강가에떼 오끼마스

 하룻밤 생각하게 해 주세요.
一晩考えさせてください。
히또방 강가에사세떼 구다사이

 검토해 보겠습니다.
検討してみます。
겐또-시떼 미마스

관심사에 대해
말할 때

♨ …에 흥미가 있습니까?
…に興味がありますか。
니 쿄-미가 아리마스까

♨ 어릴 때부터 우표 수집에 흥미가 있었습니다.
子供の頃から切手の収集に興味がありました。
코도모노 코로카라 킷테노 슈-슈-니 쿄-미가 아리마시타

♨ 훨씬 이전부터 등산을 좋아합니다.
ずっと以前から山登りが好きなんです。
줏토 이젠까라 야마노보리가 스키난데스

♨ 개그를 무척 좋아해서 사람을 웃기는 것을 좋아합니다.
ギャグが大好きで人を笑わせるのが好きです。
갸구가 다이스키데 히토오 와라와세루노가 스키데스

♨ 취미는 뭡니까?
ご趣味は何ですか。
고슈미와 난데스까

67

365

허락을 구할 때

📅 들어가도 됩니까?
入ってもいいですか。
하잇떼모 이-데스까

📅 여기에 앉아도 됩니까?
ここに座ってもいいですか。
고꼬니 스왓떼모 이-데스까

📅 창문을 열어도 될까요?
窓を開けてもいいですか。
마도오 아께떼모 이-데스까

📅 여기서 담배를 피워도 될까요?
ここでタバコを吸ってもいいですか。
고꼬데 다바꼬오 슷떼모 이-데스까

📅 여기서 사진을 찍어도 됩니까?
ここで写真を撮ってもよろしいですか。
고꼬데 샤싱오 돗떼모 요로시-데스까

실례를 피하기
위해 전제를 둘 때

🎈 실례합니다만….

失礼ですが…。
しつれい

시츠레이데스가

🎈 다를지도 모르겠습니다만….

違うかもしれませんが…。
ちが

치가우카모 시레마센가

🎈 말씀하신 것이 사실일지도 모르겠습니다만, 생각이 틀리신 것 같군요.

おっしゃるとおりかもしれませんが、お考え
かんが
ちがいのようですね。

옷샤루토-리카모 시레마센가 오캉가에 치가이노요-데스네

🎈 의견은 존중합니다만, 저는 다른 생각을 갖고 있습니다.

ご意見は尊重しますが、私は別の考えを持っています。
いけん そんちょう   わたし べつ かんが   も

고이켄와 손쵸-시마스가 와타시와 베쯔노 캉가에카타오 못테이마스

🎈 말씀하신 것은 사실이겠지만….

おっしゃることは本当でしょうが…。
ほんとう

옷샤루 고토와 혼토-데쇼-가

🎁 좋아요.

いいですよ。

이-데스요

🎁 네가 상관하지 않으면.

君がかまわなければ。

기미가 가마와 나께레바

🎁 지장이 없으면…….

差し支えなければ……。

사시쯔까에 나께레바

🎁 예, 하세요.

ええ、どうぞ。

에- 도-조

🎁 이제 돌아가도 돼.

もう帰ってもいいよ。

모- 가엣떼모 이-요

298

365

의견을 말할 때

🎈 저로서는….
私としては…。
와타시토 시테와

🎈 제 쪽에서는….
私の方では…。
와타시노 호-데와

🎈 제 입장에서 말하면….
私に関して言えば…。
와타시니 칸시떼 이에바

🎈 제 의견은 그 생각은 정말 어처구니없다고 생각합니다.
私の意見では、その考えはまるっきりばかげ
ていると思います。
와타시노 이켄데와 소노 캉가에와 마룻키리 바카게떼 이루
토 오모이마스

🎈 사실을 말하면….
本当のことを言うと…。
혼토-노 고토오 유-토

69

365

허락하지
않을 때

🎁 유감스럽지만 안 됩니다.
残念ながらだめです。
잔넨나가라 다메데스

🎁 가능하면 그만두세요.
できれば止めてください。
데끼레바 야메떼 구다사이

🎁 아냐! 안 돼!
いや! だめ!
이야 다메

🎁 아직 안 돼.
まだだめだ。
마다 다메다

🎁 지금은 안 돼. 나중에.
今はだめだ。あとでね。
이마와 다메다 아또데네

297

365

대화를
정리할 때

🎈 아무튼….

とにかく…。

토니까꾸

🎈 어쨌든….

どっちにしろ…。

돗치니시로

🎈 어쨌든 귀찮군요.

どっちにしても厄介ですねえ。

돗치니시테모 얏카이데스네-

🎈 아무튼 보러 가 보자.

とにかく見に行ってみよう。

토니까꾸 미니잇테미요-

🎈 어쨌든 미리 배를 채워 둘 필요가 있군.

いずれにしても腹ごしらえする必要がある
ね。

이즈레니시테모 하라고시라에스루 히츠요-가 아루네

재촉할 [대

- 👥 뭔가 말해 줘.
  何か言ってよ。
  낭까 잇떼요

- 👥 더 자세히 알고 싶어.
  もっと詳しく知りたいんだ。
  못또 구와시꾸 시리따인다

- 👥 여행은 어땠니?
  旅行はどうだった?
  료꼬-와 도-닷따

- 👥 이야기를 계속하게.
  話を続けてくれ。
  하나시오 쓰즈께떼 구레

화제를 바꿀 때

🎈 화제가 다릅니다만….
話題は変わりますが…。
와다이와 카와리마스가

🎈 화제를 바꾸는 게 아니지만….
話を変えるわけじゃないけど…。
하나시오 카에루와케쟈나이케도

🎈 이야기가 좀 빗나갔습니다만….
話は少しそれますが…。
하나시와 스코시 소레마스가

🎈 처음 이야기로 돌아가면….
話を元に戻しますと…。
하나시오 모토니 모도시마스또

🎈 화제가 다릅니다만, 무슨 애완동물을 기르고 있습니까?
話題は変わりますが、何かペットを飼ってますか。
와다이와 카와리마스가 난카 펫토오 캇테마스까

화제를 바꿀 때

🗓 화제를 바꾸자.
　話題を変えよう。
わだい か
와다이오 가에요

🗓 본제로 돌아갑시다.
　本題に戻りましょう。
ほんだい もど
혼다이니 모도리마쇼

🗓 그 이야기는 지금 하고 싶지 않아.
　そのことは今話したくないんだ。
いまはな
소노 고또와 이마 하나시따꾸 나인다

🗓 그 이야기는 나중에 하자.
　そのことはあとで話そう。
はな
소노 고또와 아또데 하나소

🗓 농담은 그만하고…….
　冗談はさておいて……。
じょうだん
죠-당와 사떼오이떼…

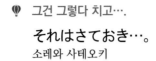
대화를 일단
중지하고
다시 시작할 때

🎈 그건 그렇다 치고….

それはさておき…。

소레와 사테오키

🎈 농담은 그만하고….

冗談はさておき…。

죠-단와 사테오키

🎈 농담은 그만하고, 사태는 어떻게 되었습니까?

冗談はさておいて、事態はどうなっていますか。

죠-단와 사테오이떼 지따이와 도-낫떼 이마스까

🎈 다 제쳐 두고. 이 일을 마무리해 주기 바란다.

何はさておき。この仕事を仕上げていただきたい。

나니와 사테오키 고노 시고토오 시아게떼 이타다키따이

🎈 먼저… 다음에….

第一に…次に…。

다이이치니 츠기니

주의를 줄 때

🎁 주의 좀 해 두겠습니다.
ちょっと注意しておきます。
촛또 츄-이시떼 오끼마스

🎁 조심해!
気をつけて！
기오 쓰께떼

🎁 적당히 해.
手加減してよ。
데카겐시떼요

🎁 제멋대로 말하지 마.
自分勝手なことを言うな。
지붕 갓떼나 고또오 이우나

294

365

화제의 주제로
돌아갈 때

💬 각설하고 본론으로 들어갑시다.

さて、本題（ほんだい）に入（はい）りましょう。

사떼 혼다이니 하이리마쇼-

💬 본제로 돌아갑시다.

本題（ほんだい）に戻（もど）りましょう。

혼다이니 모도리마쇼-

💬 그런데, 그건 무척 맛있는데. 누가 만들었지?

ところで、これはとても味（あじ）がいいね。誰（だれ）が
作（つく）ったの?

토코로데 고레와 도떼모 아지가 이-네 다레가 츠쿳타노

💬 그건 그렇고 홍차를 드시겠어요?

それはそうと、紅茶（こうちゃ）はいかがですか。

소레와 소-토 코-챠와 이카가데스까

💬 그건 그렇고, 그럼 다음 문제로 옮깁시다.

さて、それでは次（つぎ）の問題（もんだい）に移（うつ）りましょう。

사떼 소레데와 츠기노 몬다이니 우츠리마쇼-

충고할 때

📅 중도에 포기하지 마.

中途半端でやめるな。

츄-또함빠데 야메루나

📅 그것을 하는 것은 너의 의무야.

それをするのが君の義務だ。

소레오 스루노가 기미노 기무다

📅 잘 생각하고 결심해라.

よくよく考えて決心しなさい。

요꾸요꾸 강가에떼 겟신 시나사이

📅 분수를 몰라.

身のほどを知らない。

미노 호도오 시라나이

📅 너에게 바라는 것은 좀 더 노력하는 것이야.

君にほしいのはもう一歩の努力だ。

기미니 호시-노와 모- 입뽀노 도료꾸다

293

365

적당한 말이
생각나지 않을
때

🎈 뭐라고 하면 좋을지 모르겠는데.
何て言ったらいいのかわからないのだけど。
난테 잇타라이-노까 와카라나이노다케도

🎈 뭐라고 하면 좋을까?
何て言ったらいいのかな?
난테 잇타라 이-노까나

🎈 일본어로 뭐라고 하지?
日本語では何と言うのかな?
니혼고데와 난토 유-노까나

🎈 적당한 말이 생각이 안 나는데.
適当な言葉が思いつかないのだけど。
떼끼토-나 코토바가 오모이츠카나이노다게도

🎈 도무지 좋은 말이 생각이 나질 않는데요….
どうもうまい言葉が思いつかないのですが…。
도-모 우마이 코토바가 오모이츠카나이노데스가

기쁜거나
즐거울 때

🥤 어머, 기뻐.

まあ、うれしい。
마- 우레시-

🥤 그거 다행이군요.

それはよかったですね。
소레와 요깟따데스네

🥤 됐다!

やったあ!
얏따

🥤 감동했습니다.

感動しました。
칸도-시마시따

말하면서
생각할 때

🎈 글쎄.

そうだなぁ。

소-다나-

🎈 뭐를 말하려고 했지?

何を言おうとしたんだっけ?

나니오 이오-토 시탄닷께

🎈 어디까지 말했지?

どこまで話したかな?

도꼬마데 하나시타카나

🎈 내가 알기로는,

私の知る限りでは、

와타시노 시루카기리데와

🎈 제 생각으로는,

私に関して言えば、

와타시니 칸시떼 이에바

75

365

화를 낼 때

🥤 너는 도대체 무슨 생각을 하는 거니?

君はいったい何を考えているんだ！

기미와 잇따이 나니오 강가에떼 이룬다

🥤 나에게 명령하지 마!

私に命令しないで！

와따시니 메-레- 시나이데

🥤 바보 취급하지 마!

ばかにするな！

바까니 스루나

🥤 이제 참을 수 없어.

もう我慢できないんだ。

모- 가만데끼나인다

🥤 그런 것은 잘 알고 있어.

そんなことは百も承知だ。

손나 고또와 햐꾸모 쇼-찌다

다음 말을 이을 때

♥ 저어….

あのう…。

아노-

♥ 잠깐 기다려 주세요. …

ちょっと待ってください。…

촛토 맛떼 구다사이

♥ 글쎄, 아마….

ええと、たしか…。

에-또 타시까

♥ 글쎄….

ええと…。

에-또

♥ 글쎄, 그렇겠네요.

ええと、そうですね。

에-또 소-데스네

76

화를 진정시킬 때

🥤 진정해요!

落ち着いて!

오찌쓰이떼

🥤 그렇게 정색하고 대들지 마.

そうむきになるなよ。

소- 무끼니 나루나요

🥤 그렇게 굳어 있지 마.

そんなにかたくならないで。

손나니 가따꾸 나라나이데

🥤 편히 해.

のんびりとやっていて。

놈비리또 얏떼이떼

🥤 당황할 필요는 없습니다.

あわてる必要はないです。

아와떼루 히쯔요-와 나이데스

상황에 따라
말을 걸 때

💡 듣고 싶니?

聞_ききたい?

키키따이

💡 알리고 싶은 게 있어?

知_しらせたいことがあるの。

시라세따이 코토가 아루노

💡 이걸 들으면 놀랄걸.

これを聞_きいたら驚_{おどろ}くと思_{おも}うけれど。

고레오 키이타라 오도로쿠토 오모우케레도

💡 무슨 말을 하는 거니?

何_{なに}を話_{はな}してるの?

나니오 하나시떼루노

💡 좀 도와드릴까요?

何_{なに}かお役_{やく}に立_たてますか。

나니까 오야쿠니타테마스까

77

365

슬플 대

🥤 가슴이 찢어지는 아픔이었어.
胸が張り裂ける思いだった。
무네가 하리사께루 오모이닷따

🥤 나는 쭉 슬픔에 잠겼어.
私はずっと悲しみにくれている。
와따시와 즛또 가나시미니 구레떼 이루

🥤 얼마나 무정한가!
なんと無情な!
난또 무죠-나

🥤 내 마음은 아무도 몰라.
私の心の内を誰にもわからない。
와따시노 고꼬로노 우찌오 다레니모 와까라나이

289

365

알지 못하는
사람에게
말을 걸 때

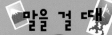

🎈 저, 잠깐만요.

ちょっとすみません。

촛토 스미마셍

🎈 여보세요, 뭔가 떨어졌어요.

すみません、何か落としましたよ。

스미마셍 난카 오토시마시타요

🎈 여보세요, 여기는 금연이에요.

すみません、ここは禁煙ですよ。

스미마셍 코코와 킹엔데스요

🎈 일본 분입니까?

日本の方ですか。

니혼노 카타데스까

🎈 여기는 처음입니까?

こちらは初めてですか。

고치라와 하지메떼데스까

부끄러울 때

🥤 부끄러워.

恥ずかしい。
は

하즈까시

🥤 부끄러운 줄 알아요!

恥を知りなさい!
はじ し

하지오 시리나사이

🥤 저 녀석은 전혀 부끄러워할 줄 몰라.

あいつはまったく恥知らずだ。
はじ し

아이쓰와 맛따꾸 하지시라즈다

🥤 부끄러워하지 마요.

恥ずかしがらないでください。
は

하즈까시가라나이데 구다사이

말을 걸 때

💡 지금 잠깐 괜찮겠니?

いま、ちょっといいかな?

이마 촛토 이-카나

💡 지금 바쁘십니까?

いま、お忙しいですか。

이마 오이소가시-데스까

💡 할 말이 있어.

話があるんだ。

하나시가 아룬다

💡 말씀드리고 싶은 게 있는데요.

お話ししたいことがあるのですが。

오하나시시따이 고토가 아루노데스가

79

365

의심할 때

👆 정말?
ほんとう
本当?
혼또

👆 농담이겠죠?
じょうだん
冗談でしょう?
죠-단데쇼

👆 그런 이야기는 못 믿어.
はなし　　しん
そんな話は信じないよ。
손나 하나시와 신지나이요

👆 그녀, 진심으로 말하고 있는 거니?
かのじょ　　ほん き　　い
彼女、本気で言っているのかな。
가노죠 홍끼데 잇떼이루노까나

👆 저 남자가 말하는 것은 믿을 수 없어.
おとこ　い　　　　しんよう
あの男の言うことは信用できない。
아노 오또꼬노 이우 고또와 싱요- 데끼나이

287

365

방향·장소를
물을 때

🎈 고국(고향)은 어딥니까?

お国はどちらですか。

오쿠니와 도치라데스까

🎈 어디서 돈을 환전할 수 있나요?

どこでお金の両替ができますか。

도코데 오카네노 료-가에가 데키마스까

🎈 실례합니다만, 남성용 화장실은 어디에 있습니까?

失礼ですが、男性用のトイレはどこにありますか。

시츠레이데스가 단세-요-노 토이레와 도코니 아리마스까

🎈 아버지는 어디에 근무하십니까?

お父さんはどこへお勤めですか。

오토-상와 도코에 오츠토메데스까

🎈 남쪽 출구는 어디입니까?

南口はどちらでしょうか。

미나미구찌와 도치라데쇼-까

80
___
365

우울할 때

🥤 오늘은 우울해.
今日はゆううつだ。
쿄-와 유-우쯔다

🥤 마음이 우울해.
気がめいる。
기가 메이루

🥤 비가 내리는 날은 마음이 우울해.
雨の日は気がめいる。
아메노 히와 끼가 메이루

🥤 아무것도 할 마음이 생기지 않아.
何もやる気がおきない。
나니모 야루 기가 오끼나이

🥤 왜 우울하니?
どうしてゆううつなの?
도-시떼 유-우쯔나노

ㄸ대를 물을 때

♥ 생일은 언제입니까?
誕生日はいつですか。
탄죠-비와 이츠데스까.

♥ 언제 여기로 이사를 왔습니까?
いつここへ引越して来たのですか。
이츠 고코에 힛코시떼 키타노데스까

♥ 언제쯤 완성되겠습니까?
いつごろ出来上がりますか。
이츠고로 데키아가리마스까

♥ 이 좋은 날씨가 언제까지 계속될까?
このいい天気はいつまで続くかな。
고노 이- 텐끼와 이츠마데 츠즈쿠카나

♥ 언제까지 서류를 완성할 예정입니까?
いつまでに書類はできる予定ですか。
이츠마데니 쇼루이와 데키루 요떼-데스까

놀랐을 때

🥤 아, 깜짝 놀랐어.

ああ、びっくりした。

아- 빅꾸리시따

🥤 그거 놀랍군요.

それは驚きましたね。

소레와 오도로끼마시따네

🥤 놀라게 하지 마요.

びっくりさせないでよ。

빅꾸리사세 나이데요

🥤 충격이야!

ショック！

쇽꾸

🥤 깜짝 놀랐잖아.

びっくりするじゃないか。

빅꾸리스루쟈나이까

정도를 물을 때

🎈 전부 해서 얼마입니까?

全部でいくらですか。

젠부데 이꾸라데스까

🎈 이 비디오는 얼마에 샀습니까?

このビデオはいくらで買ったのですか。

고노 비데오와 이꾸라데 캇타노데스까

🎈 거리는 여기에서 어느 정도입니까?

距離はここからどのくらいですか。

쿄리와 고꼬까라 도노쿠라이데스까

🎈 맞은편 강가까지 거리는 어느 정도일까요?

川の向こう岸まで距離はどのくらいでしょうか。

카와노 무코-키시마데 쿄리와 도노쿠라이데쇼-까

🎈 시간은 어느 정도 걸립니까?

時間はどのくらいかかりますか。

지칸와 도노쿠라이 카카리마스까

미심쩍을 때

믿기 어려워!
信じがたい!
신지가따이

설마, 그런 일은 없겠죠.
まさか、そんなことないでしょう。
마사까 손나 고또 나이데쇼

설마, 믿을 수 없어요.
まさか、信じられません。
마사까 신지라레마셍

정말입니까?
本当ですか。
혼또-데스까

설마, 농담이겠죠.
まさか! ご冗談でしょう。
마사까 고죠-단데쇼

284

365

향·의견을
물을 때

🎈 커피는 어떻게 할까요?

コーヒーはどのようにしますか。

코-히-와 도노요-니 시마스까

🎈 차는 어떻게 드시겠습니까?

お茶はどのようになさいますか。

오챠와 도노요-니 나사이마스까

🎈 여기에서의 생활은 어떻습니까?

ここでの生活はどうですか。

고꼬데노 세-카츠와 도-데스까

🎈 도쿄 생활은 마음에 듭니까?

東京の生活は気に入っていますか。

토-쿄-노 세-카츠와 키니잇떼이마스까

🎈 새로운 일은 어때요?

新しい仕事はどうですか。

아타라시- 시고토와 도-데스까

동정할 때

🥤 딱하게 됐습니다.
お気の毒です。
오끼노 도꾸데스

🥤 이야, 유감이군요.
いやあ、残念ですね。
이야- 잔넨데스네

🥤 불쌍해!
可愛そうに！
가와이소-니

🥤 운이 없었군요.
ついてませんでしたね。
쯔이떼 마센데시따네

방법을 물을 때

💡 지하철역은 어떻게 가면 될까요?

地下鉄の駅はどう行けばいいのでしょうか。

치카테츠노 에키와 도- 이케바 이-노데쇼-까

💡 주말은 어떻게 보낼 생각입니까?

週末はどう過ごすつもりですか。

슈-마츠와 도- 스고스츠모리데스까

💡 이 병따개는 어떻게 사용하니?

この栓抜きはどう使うの?

고노 센누키와 도- 츠카우노

💡 이 전화는 어떻게 쓰면 될까요?

この電話はどう使えばいいでしょうか。

고노 덴와와 도- 츠카에바 이-데쇼-까

84

365

위로하거나
격려할 때

🥤 자, 힘을 내요.

さあ、元気を出して。

사- 겡끼오 다시떼

🥤 그런 일도 자주 있습니다.

そういうこともよくあります。

소-유- 고또모 요꾸 아리마스

🥤 당신이 하고 있는 일은 틀리지 않아요.

あなたのやっていることは間違っていませ
んよ。

아나따노 얏떼이루 고또와 마찌갓떼 이마셍요

🥤 이 세상이 끝난 것은 아니잖아요.

この世の終りというわけでもないでしょう。

고노요노 오와리또유- 와께데모 나이데쇼

🥤 인생이란 그런 거예요.

人生なんてそんなものですよ。

진세- 난떼 손나 모노데스요

이유를 물을 때

💡 왜 이렇게 빨리 왔지?

どうしてこんなに早く来たんだい？

도-시떼 콘나니 하야꾸 키탄다이

💡 왜 그런 말을 하니?

どうしてそんなこと言うの？

도-시떼 손나코토 유-노

💡 왜 그런 말을 믿었지?

どうしてそんな話を信じたの？

도-시떼 손나 하나시오 신지타노

💡 왜 그렇게 가라앉았니?

どうしてそんなに落ち込んでるの？

도-시떼 손나니 오치콘데루노

💡 왜 그런 짓을 했니?

どうしてそんなことをしたの？

도-시떼 손나코토오 시타노

365

애도할 때

🥤 상심이 크시겠습니다.
ご愁傷様です。
<ruby>愁傷様<rt>しゅうしょうさま</rt></ruby>
고슈-쇼-사마데스

🥤 아까운 분을 잃으셨습니다.
惜しい人を亡くしました。
고시-히또오 나꾸시마시따

🥤 부디 낙심하지 마십시오.
どうぞ気を落とさないでください。
도-조 기오 오또사나이데 구다사이

🥤 이번에 큰일을 당하셨군요.
この度は大変でしたね。
고노 다비와 다이헨데시따네

🥤 충심으로 위로의 말씀을 드립니다.
衷心からお悔やみ申し上げます。
츄-싱까라 오꾸야미 모-시아게마스

281

365

질문을 주고받을 때

🎈 질문해도 됩니까?
質問してもいいですか。
시츠몬시테모 이-데스까

🎈 하나 더 질문이 있습니다.
もう一つ、質問があります。
모-히토츠 시츠몬가 아리마스

🎈 누구에게 물으면 됩니까?
誰に尋ねたらいいですか。
다레니 타즈네타라 이-데스까

🎈 단도직입적으로 묻겠습니다.
単刀直入にお聞きします。
탄토-쵸쿠뉴-니 오키키시마스

불만스러울 때

🍺 좀 더 서둘렀으면 탔을 텐데…….
もう少しで間にあったんだが……。
모- 스꼬시데 마니 앗딴다가

🍺 너무 바빠.
忙しすぎるよ。
이소가스기루요

🍺 이 일은 나에게 너무 버거워요.
この仕事は私には荷が重すぎます。
고노 시고또와 와따시니와 니가 오모스기마스

🍺 이제 더 이상 참을 수 없어.
もうこれ以上耐えられないよ。
모- 고레 이죠- 다에라레나이요

280

365

소지품을
칭찬할 때

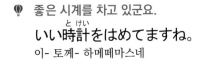

🎈 좋은 시계를 차고 있군요.

いい時計をはめてますね。

이- 토께- 하메떼마스네

🎈 좋은 차를 가지고 계시는군요.

いい車をお持ちですね。

이- 구루마오 오모찌데스네

🎈 대단한 컴퓨터이군요.

すごいパソコンですね。

스고이 파소콘데스네

🎈 고마워요.

どうもありがとう。

도-모 아리가토-

🎈 천만에요.

どういたしまして。

도-이타시마시테

불평을 할 때

🥤 어떻게 해 줘요.

何とかしてよ。

난또까 시떼요

🥤 이 얼마나 돈과 시간 낭비야.

なんてお金と時間のむだなんだ。

난떼 오까네또 지깐노 무다난다

🥤 아뿔싸. 잊었다.

あっ、しまった。忘れた。

앗 시맛따 와스레따

🥤 너는 도움이 안 돼.

君は役立たずだ。

기미와 야꾸다따즈다

🥤 머리가 돌겠어.

頭が変になるよ。

아따마가 헨니 나루요

칭찬을 받았을 때

🎈 잘 어울려요.

とても似合いますよ。

도떼모 니아이마스요

🎈 그 셔츠가 잘 어울려요.

そのシャツはよくお似合いですよ。

소노 샤츠와 요꾸 오니아이데스요.

🎈 그 헤어스타일 잘 어울려요.

そのヘアスタイル、よく似合っていますね。

소노 헤아-스파이루 요꾸 니앗테이마스네

🎈 그 색이 잘 어울려요.

その色はとても似合いますね。

소노 이로와 도떼모 니아이마스네

🎈 넥타이가 양복과 잘 어울려요.

ネクタイが背広とよく似合いますね。

네쿠타이가 세비로토 요꾸 니아이마스네

88

365

진절머리가 날 때

지루해.

退屈(たいくつ)だ。

다이꾸쓰다

시시해.

つまらないなあ。

쓰마라나이나

보잘것없어.

取(と)るに足(た)らないよ。

도루니 다라나이요

어지간히 해.

いいかげんにしてくれよ。

이- 카겐니 시떼 구레요

이제 참을 수 없어.

もう我慢(がまん)できない。

모- 가만 데끼나이

패션을
칭찬할 때

🎈 멋진 드레스야!
素敵なドレス!
스테끼나 도레스

🎈 멋진 넥타이군요.
素敵なネクタイですね。
스테끼나 네쿠타이데스네

🎈 그 옷을 입으면 무척 예뻐요.
その洋服を着ると、とてもきれいですよ。
소노 요-후쿠오 키루토 도떼모 키레이데스요

🎈 어울려.
似合ってるよ。
니앗테루요

🗑 너저분하게 말참견하지 마.

ごちゃごちゃ口出ししないでよ。

고쨔고쨔 구찌다시 시나이데요

🗑 큰소리 지르지 마!

大声を出すな!

오-고에오 다스나

🗑 투덜거리지 마.

ぶつぶつ言うな!

부쓰부쓰 이우나

🗑 좀 얌전하게 해라.

少しおとなしくしなさい。

스꼬시 오또나시꾸 시나사이

🗑 시끄럽게 하지 마!

がみがみ言うな!

가미가미 이우나

277

365

외모를 칭찬할 때

♥ 젊어 보여요.
若く見えますよ。
와카쿠 미에마스요

♥ 아드님이 귀엽군요.
可愛いお子さんですね。
카와이- 오코상데스네

♥ 매우 매력적인 여성이군요.
とても魅力的な女性ですね。
도떼모 미료쿠떼끼나 죠세-데스네

♥ 귀엽군요.
かわいいですね。
카와이-데스네

♥ 근사하군요.
格好いいですね。
캇코이-데스네

90
365

실망했을 때

🥤 실망이야.

がっかりだ。
각까리다

🥤 쓸데없이 고생했어.

むだな骨折りだった。
무다나 호네오리닷따

🥤 그렇게 분발했는데.

あんなに頑張ったのに。
안나니 감밧따노니

🥤 시간 낭비야.

時間のむだだよ。
지깐노 무다다요

276

365

능력을 칭찬할 때

🎈 전적으로 네 공로야.
まったく君の手柄だよ。
맛따끄 키미노 테가라다요

🎈 네 노력은 높이 살게.
君の努力は高く買うよ。
키미노 도료쿠와 타카꾸 카우요

🎈 잘했어요.
よくやりましたね。
요꾸 야리마시타네

🎈 그는 너를 높이 평가하고 있어.
彼は君を高く評価しているよ。
가레와 키미오 타카꾸 효우카시테이루요

🎈 그 사람 용기가 있네.
彼って勇気があるねえ。
카렛테 유-키가 아루네-

91

365

체념이나
단념을 할 때

🥤 포기했어.

あきらめたよ。
아끼라메따요

🥤 어쩔 도리가 없어.

どうしようもないよ。
도- 시요-모 나이요

🥤 전망이 없어.
見込みなしだ。
미꼬미 나시다

🥤 방법이 없어.
仕方がないよ。
시까따가 나이요

🥤 절망적이야.
絶望的だ。
제쓰보-테끼다

감탄의 기분을
나타낼 때

♨ 어쩌면 이렇게 멋있어.

なんと素晴らしい。

난토 스바라시-

♨ 어쩌면 이렇게 예쁘죠.

なんて綺麗なんでしょう。

난테 기레-난데쇼-

♨ 멋진 그림이군요.

素晴らしい絵ですね。

스바라시- 에데스네

♨ 너무 멋있어!

とっても素敵!

돗테모 스테끼

♨ 재미있군요!

面白いですね!

오모시로이데스네

92

365

후회할 때

저런 짓을 하지 않았으면 좋았을걸.

あんなことしなければよかった。
안나 고또 시나께레바 요깟따

저런 말을 하지 않았으면 좋았을걸.

あんなこと言わなければよかった。
안나 고또 이와나께레바 요깟따

바보 같은 짓을 하고 말았어.

ばかなことをしてしまった。
바까나 고또오 시떼 시맛따

내가 한 일을 후회하고 있어.

自分のしたことを後悔している。
지분노 시따 고또오 코-까이시떼 이루

더 공부해 두었으면 좋았을걸.

もっと勉強しておけばよかった。
못또 벵꾜-시떼 오께바 요깟따

입에서 바로
나오는 감탄의 말

🎈 훌륭하군요.
素晴らしいですね。
스바라시이데스네

🎈 멋져!
素敵!
스떼끼

🎈 대단해!
すごい!
스고이

🎈 잘했어.
よくやった。
요꾸 얏타

감탄할 때

🥤 멋지군요.
素晴らしいですね。
스바라시-데스네

🥤 멋져!
素敵!
스떼끼

🥤 정말 예쁘죠.
なんて綺麗なんでしょう。
난떼 기레-난데쇼

🥤 에-, 이거 대단하군!
へえ、これはすごい!
헤- 고레와 스고이

🥤 아름답구나.
美しいなあ。
우쯔꾸시-나

273

365

이름을 부를 때

💡 야―, 요시무라!

やあ、吉村。

야- 요시무라

💡 안녕, 이케다.

おはよう、池田。

오하요- 이케다

💡 잘 가세요. 사토 씨(양).

さようなら、佐藤さん。

사요-나라 사토-상

💡 성함은요?

お名前は?

오나마에와

💡 실례합니다만, 성함은 어떻게 되십니까?

失礼ですが、お名前は何とおっしゃいますか。

시츠레이데스가 오나마에와 난토 옷샤이마스까

94

365

안심할 때

아, 한숨 돌렸어!

ああ、ほっとした!

아- 홋또시따

다행이야.

よかったね。

요깟따네

놀랐어!

驚いた!

오도로이따

그걸 듣고 가슴이 시원했어.

それを聞いて胸がすっきりした。

소레오 기이떼 무네가 슥끼리시따

좋은 액땜이야.

いい厄介払いだ。

이- 약까이바라이다

272

365

단체 호칭

여러분, 조용히 해 주세요.
皆さん、静かにしてください。
미나상 시즈카니 시테구다사이.

장내 여러분!
場内の皆さん!
죠-나이노 미나상!

이 자리에 계신 여러분!
この場においでの皆様!
코노바니 오이데노 미나사마!

신사 숙녀 여러분!
レディース・アンド・ジェントルマン!
레디-스 안도 젠토르만

95
365

칭찬할 때

어울려요.
とても似合いますよ。
도떼모 니아이마스요

고마워요. 저도 마음에 듭니다.
ありがとう。私も気に入ってるんです。
아리가또- 와따시모 기니 잇떼룬데스

멋져요! 내가 가지고 싶었던 것은 이거예요.
すばらしい! 私が欲しかったのはこれですよ。
스바라시- 와따시가 호시깟따노와 고레데스요

훌륭합니다.
お見事です。
오미고또데스

그에게 박수를 보냅시다.
彼に拍手を送りましょう。
가레니 하꾸슈오 오꾸리마쇼

직함을 부를 때

♥ 웨이터(웨이트리스)!
ウェーター(ウェーターレス)さん!
웨-타-(웨-타-레스)상

♥ 순경 아저씨 / 경비 아저씨!
お巡りさん / 守衛さん!
오마와리상 / 슈에-상

♥ 선생님!
先生!
센세-

♥ 사장님 / 부장님 / 과장님!
社長 / 部長 / 課長!
샤쵸- / 부쵸- / 카쵸-

비난할 때

🥤 거짓말을 하지 마.
嘘をつくな。
우소오 쓰꾸나

🥤 농담은 그만둬!
冗談はやめてくれ!
죠-당와 야메떼 구레

🥤 바보 같은 소리 집어치워!
ばかなことはやめろ!
바까나 고또와 야메로

🥤 시치미 떼지 마!
とぼけるな!
도보께루나

270

365

모르는 사람을
부를 때

💡 여보세요, 실례합니다만….

もしもし、失礼ですが…。

모시모시 시츠레이데스가

💡 미안합니다 (여보세요)!

すみません！

스미마셍

💡 잠깐 실례합니다만….

ちょっとすみませんが、…。

촛토 스미마셍가

💡 미안합니다, ○○호텔로 가는 길을 가르쳐 주세요.

すみません、○○ホテルへの道を教えてください。

스미마셍 ○○호테루에노 미치오 오시에떼구다사이

💡 잠깐 실례합니다만, 이건 우에노행 버스입니까?

ちょっとすみませんが、これは上野行きのバスですか。

촛토 스미마셍가 코레와 우에노유키노바스데스까

험담할 때

🥤 겁쟁이!

臆病_{おくびょう}もの!

오꾸뵤-모노

🥤 비열한 놈!

けち!

게찌

🥤 이 녀석!

このやろう!

고노 야로

🥤 이 바보!

このばか!

고노 바까

🥤 교활한 녀석!

ずるいやつめ!

즈루이 야쓰메

사람을 부를 대

💡 이봐!

おい!

오이

💡 엄마!

まま/(お)母ちゃん!

마마 / (오)까-짱

💡 저—, 잠깐….

あのう、ちょっと…。

아노- 춋토

💡 나카무라 씨 (양)!

中村さん!

나카무라상

🥤 화해하자.
仲直りしよう。
나까나오리 시요

🥤 화해했니?
仲直りした?
나까나오리시따

🥤 사이좋게 지내라.
仲良くしなさい。
나까요꾸 시나사이

🥤 없던 걸로 하자.
水に流そう。
미즈니 나가소

🥤 악의는 없었어.
悪気はなかったよ。
와루기와 나깟따요

약을 구입할 때

감기약은 있습니까?

風邪薬はありますか。

가제구스리와 아리마스까

바르는 약이 필요한데요.

塗り薬がほしいのですが。

누리구스리가 호시-노데스가

안약이 필요한데요.

目薬がほしいのですが。

메구스리가 호시-노데스가

붕대와 탈지면을 주세요.

包帯と脱脂綿をください。

호-따이또 닷시멩오 구다사이

거즈와 반창고를 주세요.

ガーゼと絆創膏をください。

가-제또 반소-꼬-오 구다사이

가족에 대해
말할 때

💬 가족은 몇 명입니까?
何人家族ですか。
난닝 가조꾸데스까

💬 부모님과 여동생이 있습니다.
両親と妹がいます。
료-신또 이모-또가 이마스

💬 5인 가족입니다.
5人家族です。
고닝 카조꾸데스

💬 가족을 보러 몇 번 정도 고향에 갑니까?
ご家族に会いに何回くらい帰省しますか。
고카조꾸니 아이니 낭까이 쿠라이 키세-시마스까

약을 조제받을 때

여기서 조제해 줍니까?

こちらで調剤してもらえますか。

고찌라데 쵸-자이시떼 모라에마스까

이 처방전으로 조제해 주세요.

この処方せんで調剤してください。

고노 쇼호-센데 쵸-자이시떼 구다사이

몇 번 정도 복용하는 겁니까?

何回くらい服用するのですか。

낭까이 쿠라이 후꾸요-스루노데스까

한 번에 몇 알 먹으면 됩니까?

一回に何錠飲めばいいですか。

익까이니 난죠- 노메바 이-데스까

진통제는 들어 있습니까?

痛み止めは入っていますか。

이따미도메와 하잇떼 이마스까

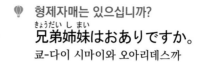

100

365

형제자매에
대해 말할 때

🎈 형제자매는 있으십니까?
兄弟姉妹はおありですか。
쿄-다이 시마이와 오아리데스까

🎈 형제는 몇 분입니까?
ご兄弟は何人ですか。
고쿄-다이와 난닌데스까

🎈 당신이 형제자매 중에서 제일 위입니까?
あなたが兄弟姉妹でいちばん年上ですか。
아나따가 쿄-다이 시마이데 이찌반 토시우에데스까

🎈 동생은 몇 살입니까?
弟さんはいくつですか。
오또-또상와 이꾸쯔데스까

🎈 여동생은 무엇을 하고 있습니까?
妹さんは何をしていますか。
이모-또상와 나니오시떼 이마스까

병문안할 때

🥤 입원환자 병동은 어디에 있나요?

入院患者病棟はどこでしょうか。
にゅういんかんじゃびょうとう

뉴-잉칸쟈뵤-또-와 도꼬데쇼-까

🥤 오늘은 몸이 어때요?

今日の具合はどうですか。
きょう　ぐあい

쿄-노 구아이와 도-데스까

🥤 생각보다 훨씬 건강해 보이네요.

思ったよりずっと元気そうですね。
おも　　　　　　　　げんき

오못따요리 줏또 겡끼소-데스네

🥤 꼭 곧 건강해질 겁니다.

きっとすぐ元気になりますよ。
げんき

깃또 스구 겡끼니 나리마스요

🥤 무엇이든 편히 생각하고, 느긋하게 마음먹으세요.

何でも気楽に考えて、ゆったりしてくださ
なん　　きらく　かんが
い。

난데모 기라꾸니 강가에떼 윳따리시떼 구다사이

101

365

부모·조부모·친척·

자녀에 대해

말할 때

💡 부모님 연세는 몇입니까?
ご両親はおいくつですか。
고료-싱와 오이꾸쯔데쓰까

💡 부모님과 함께 살고 있습니까?
ご両親といっしょに住んでいるんですか。
고료-신또 잇쑈니 슨데이룬데스까

💡 할아버지와 할머니는 건강하십니까?
おじいさんとおばあさんはご健在ですか。
오지-산또 오바-상와 고켄자이데스까

💡 아이는 있나요?
お子さんは?
오꼬상와

💡 아이는 없습니다.
子供はいません。
고도모와 이마셍

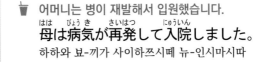

265

365

입·퇴원할 때

🥤 어머니는 병이 재발해서 입원했습니다.
母は病気が再発して入院しました。
하하와 뵤-끼가 사이하쯔시떼 뉴-인시마시따

🥤 입원에는 어떤 수속이 필요합니까?
入院にはどんな手続きが必要でしょうか。
뉴-인니와 돈나 데쓰즈끼가 히쯔요-데쇼-까

🥤 가능하면 개인실이 좋겠는데요.
できれば個室がいいのですが。
데끼레바 고시쯔가 이-노데스가

🥤 수술 전에 어느 정도 입원해야 합니까?
手術の前にどのくらい入院してないといけませんか。
슈쥬쯔노 마에니 도노쿠라이 뉴-인시떼 나이또 이께마센까

🥤 오늘은 몇 시에 선생님에게 진찰을 받을 수 있습니까?
今日は何時に先生に診ていただけますか。
쿄-와 난지니 센세-니 미떼 이따다께마스까

365

직장에 대해
말할 때

💡 어느 회사에 근무합니까?

どの会社に勤めていますか。

도노 카이샤니 쯔또메떼 이마스까

💡 저는 이 회사에 근무합니다.

私はこの会社に勤めています。

와따시와 고노 카이샤니 쓰또메떼 이마스

💡 어느 부서입니까?

部署はどこですか。

부쇼와 도꼬데스까

💡 회사는 어디에 있습니까?

会社はどこにあるんですか。

카이샤와 도꼬니 아룬데스까

365

진료를 마쳤을 때

🥤 다음에는 언제 오면 될까요?

今度はいつ来たらいいでしょうか。

곤도와 이쯔 기따라 이-데쇼-까

🥤 진찰해 주셔서 감사합니다.

ご診察ありがとうございます。

고신사쯔 아리가또- 고자이마스

🥤 오늘 진찰료는 얼마입니까?

今日の診察代はおいくらですか。

쿄-노 신사쯔다이와 오이꾸라데스까

🥤 내일 또 와야 합니까?

明日、また来なければなりませんか。

아시따 마따 고나께레바 나리마센까

🥤 선생님, 고맙습니다.

先生、ありがとうございます。

센세- 아리가또- 고자이마스

103

365

출근할 때

💡 제시간에 도착했어!
間に合ったぞ!
마니 앗따조

💡 시간엄수야!
時間厳守だ!
지깡겐슈다

💡 자네, 또 지각이군.
君、また遅刻だね。
기미 마따 치꼬꾸다네

💡 타임카드 찍었니?
タイムカード押した?
타이무카-도 오시따

건강검진을
받을 때

🥛 어렸을 때 결핵을 앓았습니다.
子供のときに結核になりました。
고도모노 도끼니 겟까꾸니 나리마시따

🥛 3년 전에 맹장 수술을 받았습니다.
3年前に盲腸の手術を受けました。
산넴 마에니 모-쵸-노 슈쥬쯔오 우께마시따

🥛 수술은 한 번도 받은 적이 없습니다.
手術は一度も受けたことがありません。
슈쥬쯔와 이찌도모 우께따 고또가 아리마셍

🥛 올해 들어와서는 건강진단을 받지 않았습니다.
今年になってからは健康診断を受けていません。
고또시니 낫떼까라와 겡꼬- 신당오우께떼 이마셍

🥛 저는 어디가 안 좋은가요?
私はどこが悪いのでしょうか。
와따시와 도꼬가 와루이노데쇼-까

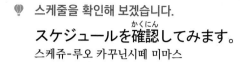
💡 스케줄을 확인해 보겠습니다.

スケジュールを確認してみます。

스케쥬-루오 카꾸닌시떼 미마스

💡 이 서류를 복사해 주겠나?

この書類をコピーしてくれる?

고노 쇼루이오 코삐-시떼 구레루

💡 이 복사기는 고장 났습니다.

このコピー機はこわれています。

고노 코삐-끼와 고와레떼 이마스

💡 일은 어때?

仕事はどうだい?

시고또와 도-다이

💡 회의가 길어질 것 같아.

会議は長引きそうだ。

카이기와 나가비끼 소-다

증상을 묻고
답할 때

어디 아프세요?

どこか痛みますか。

도꼬가 이따미마스까

가슴이 아픕니다.

胸が痛いんです。

무네가 이따인데스

무릎이 좀 아픕니다.

膝がちょっと痛いのです。

히자가 춋또 이따이노데스

왼쪽 귀가 아픕니다.

左の耳が痛いのです。

히다리노 미미가 이따이노데스

오른쪽 어깨가 아픕니다.

右肩が痛いです。

미기카따가 이따이데스

105

365

퇴근할 때

💬 집에 돌아갈 시간이야.
家に帰る時間だ。
이에니 가에루 지깐다

💬 오늘은 바빴어.
今日は忙しかったよ。
쿄-와 이소가시깟따요

💬 이제 끝내자.
もう終りにしよう。
모- 오와리니 시요

💬 이제 지쳤어. 오늘은 여기까지 하자.
もう疲れたよ。今日はここまでにしよう。
모- 쓰까레따요 쿄-와 고꼬마데니 시요

💬 수고했어요.
お疲れさま。
오쓰까레사마

병원의
접수창구에서

🥤 이 병원은 몇 시부터 몇 시까지입니까?

この病院は何時から何時までですか。

고노 뵤-잉와 난지까라 난지마데데스까

🥤 안과는 어디에 있습니까?

眼科はどちらでしょうか。

강까와 도찌라데쇼-까

🥤 이비인후과 선생님에게 진찰을 받고 싶은데요.

耳鼻咽喉科の先生に診ていただきたいのですが。

지비잉꼬-까노 센세-니 미떼 이따다끼따이노데스가

🥤 진찰실은 어디입니까?

診察室はどこですか。

신사쯔시쯔와 도꼬데스까

직장에서의

인간관계

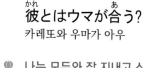

🎈 그와는 마음이 맞니?
彼とはウマが合う?
카레또와 우마가 아우

🎈 나는 모두와 잘 지내고 싶어.
私はみんなとうまくやっていきたいんだ。
와따시와 민나또 우마꾸 얏떼 이끼따인다

🎈 넌 상사를 좋아하니?
あなたは上司が好きなの?
아나따와 죠-시가 스끼나노

🎈 아냐, 그는 나를 너무 심하게 다뤄.
いや、彼は私にとてもつらくあたるんだ。
이야 카레와 와따시니 도떼모 쓰라꾸 아따룬다

🎈 그는 매우 엄격해.
彼は本当にきびしい。
카레와 혼또-니 기비시

사고에 대한
사과와 변명

제 탓입니다.

私のせいです。

와따시노 세-데스

우발적인 사건입니다.

偶発的な出来事なんです。

구-하쯔테끼나 데끼고또난데스

미안해요. 악의로 한 게 아닙니다.

ごめんなさい。悪気でしたんじゃないんです。

고멘나사이 와루기데 시딴쟈나인데스

제 과실이 아니에요.

私の落ち度ではないですよ。

와따시노 오찌도데와 나이데스요

남에게 책임을 전가하지 마라.

他人に責任転嫁をするなよ。

타닌니 세끼닌뗑까오 스루나요

107

365

출신 학교에 대해
말할 때

🎈 학교는 이미 졸업했습니다.
大校はもう卒業しています。
각꼬-와 모- 소쯔교-시떼 이마스

🎈 어느 대학을 나왔습니까?
どちらの大学を出ましたか。
도찌라노 다이가꾸오 데마시따까

🎈 어느 대학을 다니고 있습니까?
どちらの大学に行っていますか。
도찌라노 다이가꾸니 잇떼 이마스까

259

365

사고 경위를
말할 때

🥤 경찰을 불러 주세요.

警察の人を呼んでください。

게-사쯔노 히또오 욘데 구다사이

🥤 상황을 설명해 주세요.

状況を説明してください。

죠-꾜-오 세쯔메-시떼 구다사이

🥤 저는 과실이 없습니다.

私の方には過失はありません。

와따시노 호-니와 가시쯔와 아리마셍

🥤 이 아이가 갑자기 길로 뛰어들었습니다.

この子供がいきなり道に飛び出したんです。

고노 고도모가 이끼나리 미찌니 도비다시딴데스

🥤 저 사람이 신호를 무시했습니다.

あの人が信号を無視したんです。

아노 히또가 싱고-오 무시시딴데스

전공에 대해
말할 때

💬 전공은 무엇입니까?
専攻は何ですか。
센꼬-와 난데스까

💬 무엇을 전공하셨습니까?
何を専攻なさいましたか。
나니오 셍꼬- 나사이마시다까

💬 대학에서 무엇을 공부했습니까?
大学では何を勉強しましたか。
다이가꾸데와 나니오 벵꾜- 시마시따까

💬 학부와 대학원에서 일본 문학을 전공했습니다.
学部と大学院で日本の文学を専攻しました。
가꾸부또 다이가꾸인데 니혼노 붕가꾸오 셍꼬- 시마시따

💬 경제를 전공하고 있습니까?
経済を専攻していますか。
게-자이오 셍꼬-시떼 이마스까

258

365

사고가 났을 때

구급차를 부탁합니다! 자동차 사고입니다.
救急車をお願いします! 自動車事故です。
규-뀨-샤오 오네가이시마스 지도-샤지꼬데스

도와줘요! 사고예요!
助けて! 事故よ!
다스께떼 지꼬요

다친 사람이 있습니다.
けが人がいます。
게가닝가 이마스

뺑소니 사고예요. 빨리 번호를 적어요!
ひき逃げ事故よ。早くナンバーをひかえて!
히끼니게 지꼬요 하야꾸 남바-오 히까에떼

정면충돌 사고입니다.
正面衝突事故です。
쇼-멘쇼-또쯔 지꼬데스

109

365

동아리 · 아르바이트에
대해 말할 때

💬 무슨 동아리에 들었어요?

何のクラブに入ってるんですか。

난노 쿠라부니 하잇떼룬데스까

💬 대학시절에 무슨 동아리에서 활동했습니까?

大学時代に何かクラブ活動をしましたか。

다이가꾸지다이니 나니까 쿠라부 카쯔도-오 시마시따까

💬 어느 동아리에 소속되어 있습니까?

どのクラブに属していますか。

도노 쿠라부니 조꾸시떼 이마스까

💬 아르바이트는 하고 있니?

アルバイトはしているの?

아루바이또와 시떼이루노

💬 파트타임으로 일하고 있습니까?

パートで働いているんですか。

파-또데 하따라이떼 이룬데스까

257

365

화재가 났을 때

불이야!
火事だ!
카지다

화재는 아직 진화되지 않았습니다.
火事はまだ鎮火していません。
카지와 마다 칭까시떼 이마셍

지하실로 피난하시오.
地下室に避難しなさい。
치까시쯔니 히난시나사이

가스가 샌다!
ガス漏れしてるぞ!
가스모레시떼루조

폭발한다!
爆発するぞ!
바꾸하쓰스루조

110

365

학생·학교에 대해 말할 때

학생입니까?

学生(がくせい)さんですか。

각세-산데스까

몇 학년입니까?

何年生(なんねんせい)ですか。

난네세-데스까

학교는 집에서 가깝습니까?

学校(がっこう)は家(いえ)から近(ちか)いですか。

각꼬-와 이에까라 치까이데스까

지금 다니고 있는 학교는 어때요?

今(いま)、通(かよ)っている学校(がっこう)はどうですか。

이마 가욧떼이루 각꼬-와 도-데스까

캠퍼스는 넓고 조용합니다.

キャンパスは広(ひろ)くて静(しず)かです。

캄파스와 히로꾸떼 시즈까데스

256

365

자연재해를
당했을 때

🥤 어제 진도 4의 지진이 있었습니다.

きのう震度4の地震がありました。

기노- 신도 욘노 지싱가 아리마시따

🥤 태풍이 접근하고 있답니다.

台風が接近しているそうです。

타이후-가 섹낀시떼이루 소-데스

🥤 홍수 경보가 났습니다.

洪水警報が出ています。

코-즈이 케-호-가 데떼 이마스

🥤 강한 눈보라로 교통이 마비되었습니다.

猛吹雪で交通がストップしています。

모-후부끼데 고-쓰-가 스톱뿌시떼 이마스

시험과 성적에
대해 말할 때

💡 언제부터 중간고사가 시작됩니까?
いつから中間テストが始まりますか。
이쯔까라 츄-깐 테스또가 하지마리마스까

💡 날새기로 공부해야 합니다.
徹夜で勉強しなければいけません。
데쓰야데 벵꾜-시나께레바 이께마셍

💡 이번 시험은 어땠어요?
今度の試験はどうでしたか。
곤도노 시껭와 도-데시따까

💡 상당히 어려웠어요.
なかなか難しかったですよ。
나까나까 무즈까시깟따데스요

💡 시험 결과는 어땠어요?
試験の結果はどうでしたか。
시껜노 겟까와 도-데시따까

도둑을 맞았을 때

🥤 저 놈이 내 가방을 훔쳤어요!

あいつが私のバッグを取ったんです!

아이쓰가 와따시노 박구오 돗딴데스

🥤 파출소까지 데려가 주세요.

交番まで連れて行ってください。

고-방마데 쓰레떼 잇떼 구다사이

🥤 제 가방이 보이지 않는데요.

私のバッグが見当たらないんですが。

와따시노 박구가 미아따라나인데스가

🥤 전철 안에서 지갑을 소매치기당했습니다.

電車の中で財布をすられました。

덴샤노 나까데 사이후오 스라레마시따

🥤 카메라를 도둑맞았습니다.

カメラを盗まれました。

카메라오 누스마레마시따

112

365

수업을 할 때
쓰이는 말

💡 5쪽까지 읽어 주세요.
5ページまで読んでください。
고페-지마데 욘데 구다사이

💡 칠판의 글씨를 쓰세요.
黒板の字を書いてください。
고꾸반노 지오 가이떼 구다사이

💡 3쪽을 펼치세요.
3ページを開けてください。
삼 페-지오 아께떼 구다사이

💡 책을 덮으세요.
本を閉じてください。
홍오 도지떼 구다사이

💡 이 내용을 전부 외우세요.
この内容を全部覚えてください。
고노 나이요-오 젬부 오보에떼 구다사이

강도를 만났을 때

🥛 강도야!
強盗ッ!
고-또-ㅅ

🥛 돈을 빼앗겼습니다.
お金を奪われました。
오까네오 우바와레마시따

🥛 말한 대로 해!
言ったとおりにしろ!
잇따 도-리니 시로

🥛 돈을 내놔. 그렇지 않으면 죽이겠다!
金をよこせ。さもないと殺すぞ!
가네오 요꼬세 사모나이또 고로스조

🥛 돈은 안 갖고 있어요!
お金は持っていません!
오까네와 못데 이마셍

키에 대해

말할 때

💡 키는 어느 정도 됩니까?
背はどのくらいありますか。
세와 도노쿠라이 아리마스까

💡 키는 큰 편입니다.
背は高いほうです。
세와 다카이 호-데스

💡 그녀는 키가 크고 날씬합니다.
彼女は背が高く、すらっとしています。
가노죠와 세가 다까꾸 스랏또시떼 이마스

💡 저 사람은 적당히 살쪘고 키도 적당합니다.
あの人は中肉中背です。
아노 히또와 츄-니꾸 츄-제-데스

물건을
분실했을 때

🥤 경찰을 불러 주세요.
警察を呼んでください。
게-사쯔오 욘데 구다사이

🥤 가방을 잃어버렸습니다.
バッグを忘れました。
박구오 와스레마시따

🥤 유실물 담당은 어디입니까?
遺失物係はどこですか。
이시쯔부쯔 가까리와 도꼬데스까

🥤 무엇이 들어 있습니까?
何が入っていましたか。
나니가 하잇떼 이마시따까

🥤 얼마 들어 있습니까?
いくら入っていましたか。
이꾸라 하잇떼 이마시따까

114

365

체중에 대해
말할 때

💡 체중은 어느 정도입니까?

体重はどのくらいですか。

타이쥬-와 도노쿠라이데스까

💡 약간 체중이 늘어났습니다.

いくらか体重が増えました。

이꾸라까 타이쥬-가 후에마시따

💡 3킬로그램 줄었습니다.

3キロ減りました。

상 키로 헤리마시따

💡 5킬로그램 빠졌습니다.

5キロ痩せました。

고 키로 야세마시따

💡 너무 살이 찐 것 같습니다.

ちょっと太りすぎてるようです。

춋또 후또리스기떼루 요-데스

말이 통하지
않을 때

일본어는 하지 못합니다.
日本語は話せません。
니홍고와 하나세마셍

다시 한 번 말해 주세요.
もう一度言ってください。
모- 이찌도 잇떼 구다사이

뭐라고 말씀하셨습니까?
何とおっしゃいましたか。
난또 옷샤이마시따까

천천히 말씀해 주시겠습니까?
ゆっくりと言っていただけますか。
육꾸리또 잇떼 이따다께마스까

한국어를 하는 분은 없습니까?
韓国語を話す方はいませんか。
캉꼬꾸고오 하나스 가따와 이마셍까

💡 그녀의 얼굴은 계란형입니다.
彼女の顔は卵型です。
가노죠노 가오와 다마고가따데스

💡 그녀는 얼굴이 둥근형에 속합니다.
彼女はどちらかというと丸顔です。
가노죠와 도찌라까또유-또 마루가오데스

💡 그녀는 매우 매력적인 여성입니다.
彼女はとても魅力的な女性です。
가노죠와 도떼모 미료꾸떼끼나 죠세-데스

💡 저 아가씨는 귀엽군요.
あの娘は可愛らしいですね。
아노 무스메와 가와이라시-데스네

💡 키가 크고 수염이 긴 저 신사는 누구입니까?
あの背の高いひげの長い紳士はどなたですか。
아노 세노 타까이 히게노 나가이 신시와 도나따데스까

위급한
상황일 때

🥤 긴급합니다.
緊急です。
킹뀨-데스

🥤 의사를 불러 주세요.
医者を呼んでください。
이샤오 욘데 구다사이

🥤 살려 줘요! / 도와줘요!
助けて!
다스께떼

🥤 위험해!
危ない!
아부나이

🥤 누가 와 줘요!
誰か来て!
다레까 기떼

💡 아버지는 어깨가 넓고 다부집니다.

父は肩幅が広くてがっしりしています。

치찌와 가따하바가 히로꾸떼 갓시리시떼 이마스

💡 그녀의 허리선은 아름답습니다.

彼女の腰の線は美しいです。

가노죠노 고시노 셍와 우쯔꾸시-데스

💡 나는 허리가 날씬한 여자를 좋아합니다.

私は腰のほっそりした女性が好きです。

와따시와 고시노 홋소리시따 죠세-가 스끼데스

💡 나는 오른손잡이입니다.

私は右利きです。

와따시와 미기키끼데스

💡 그녀는 손발이 비교적 작은 편입니다.

彼女は手足が比較的小さいほうです。

가노죠와 데아시가 히까꾸떼끼 치-사이 호-데스

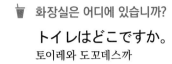
🥛 화장실은 어디에 있습니까?

トイレはどこですか。

토이레와 도꼬데스까

🥛 어떻게 하면 좋을까요?

どうしたらいいでしょうか。

도-시따라 이-데쇼-까

🥛 무슨 좋은 방법은 없습니까?

何^{なに}かいい方法^{ほうほう}はないですか。

나니까 이- 호-호-와 나이데스까

🥛 어떻게 해 주세요.

何^{なん}とかしてください。

난또까 시떼 구다사이

117

365

자신의 성격에
대해 말할 때

💬 무슨 일에 대해서도 낙천적입니다.
何事につけても楽天的です。
나니고또니 쓰께떼모 라꾸뗀떼끼데스

💬 다소 비관적인 성격입니다.
いくぶん悲観的な性格です。
이꾸붕 히깐떼끼나 세-까꾸데스

💬 그다지 사교적이 아닙니다.
あまり社交的ではありません。
아마리 샤꼬-떼끼데와 아리마셍

💬 자신이 외향적이라고 생각합니까?
ご自分が外向的だと思いますか。
고지붕가 가이꼬-떼끼다또 오모이마스까

탑승 안내

👥 (탑승권을 보이며) 게이트는 몇 번입니까?

ゲートは何番ですか。

게-또와 남반데스까

👥 3번 게이트는 어느 쪽입니까?

3番ゲートはどちらでしょうか。

삼반게-또와 도찌라데쇼-까

👥 인천행 탑승 게이트는 여기입니까?

インチョン行きの搭乗ゲートはここですか。

인천유끼노 토-죠-게-또와 고꼬데스까

👥 왜 출발이 늦는 겁니까?

なぜ出発が遅れているのですか。

나제 슛빠쯔가 오꾸레떼 이루노데스까

👥 탑승은 시작되었습니까?

搭乗はもう始まりましたか。

토-죠-와 모- 하지마리마시다까

118

365

사람의 성품에
대해 말할 때

💡 그는 어떤 사람입니까?
彼はどんな人ですか。
가레와 돈나 히또데스까

💡 매우 마음이 따뜻한 남자예요.
とても心の暖かい男ですよ。
도떼모 고꼬로노 아따따까이 오또꼬데스요

💡 그는 유머가 있어서 함께 있으면 즐거워요.
彼はユーモアがあって、いっしょにいると楽しいですよ。
가레와 유-모아가 앗떼 잇쇼니 이루또 다노시-데스요

💡 동료들은 좀 유별나도 좋은 녀석들입니다.
連中はちょっと変わっているけど、いいやつらですよ。
렌쮸-와 춋또 가왓떼 이루께도 이- 야쯔라데스요

💡 재치가 있다고는 할 수 없지만, 무척 근면한 사람입니다.
気がきくとは言えませんが、きわめて勤勉な人です。
기가 기꾸또와 이에마셍가 기와메떼 김벤나 히또데스

248

365

수화물을
체크할 때

🧳 맡기실 짐은 있으십니까?

お預けになる荷物はありますか。

오아즈께니나루 니모쯔와 아리마스까

🧳 그 가방은 맡기시겠습니까?

そのバッグはお預けになりますか。

소노 박구와 오아즈께니 나리마스까

🧳 이 가방은 기내로 가지고 들어갑니다.

このバッグは機内に持ち込みます。

고노 박구와 기나이니 모찌꼬미마스

🧳 다른 맡기실 짐은 없습니까?

お預かりする荷物は他にございますか。

오아즈까리스루 니모쯔와 호까니 고자이마스까

바람직한 성격에
대해 말할 때

🖤 그의 장점은 유머 센스라고 생각합니다.
彼の長所はユーモアのセンスだと思います。
가레노 쵸-쇼와 유-모아노 센스다또 오모이마스

🖤 나는 붙임성이 있다고 생각하고 있습니다.
自分は愛想のいいほうだと思っています。
지붕와 아이소-노 이- 호-다또 오못떼 이마스

🖤 저는 누구하고도 협력할 수 있습니다.
私は誰とでも協力できます。
와따시와 다레또데모 쿄-료꾸 데끼마스

🖤 친구는 나를 언제나 밝다고 말해 줍니다.
友達は私のことをいつも明るいと言ってくれます。
도모다찌와 와따시노고또오 이쯔모 아까루이또 잇떼 구레마스

🖤 우호적이고 배려하는 마음이 있다고 들을 때도 있습니다.
友好的で思いやりがあると言われることもあります。
유-꼬-떼끼데 오모이야리가 아루또 이와레루 고또모 아리마스

탑승수속을 할 때

🧑 탑승수속은 어디서 합니까?
搭乗手続きはどこでするのですか。
토-죠-테쓰즈끼와 도꼬데 스루노데스까

🧑 일본항공 카운터는 어디입니까?
日本航空のカウンターはどこですか。
니홍코-꾸-노 카운따-와 도꼬데스까

🧑 앞쪽 자리가 좋겠는데요.
前方の席がいいですが。
젬뽀-노 세끼가 이-데스가

🧑 통로쪽[창쪽]으로 부탁합니다.
通路側[窓側]の席をお願いします。
쓰-로가와[마도가와]노 세끼오 오네가이시마스

🧑 친구와 같은 좌석으로 주세요.
友人と隣り合わせの席にしてください。
유-진또 도나리아와세노 세끼니 시떼 구다사이

바람직하지 못한
성격에 대해
말할 때

🎈 덜렁댑니다. 그게 약점임을 알고 있습니다.

そそっかしいんです。それが弱点だとわかっています。

소속까시인데스 소레가 쟈꾸뗀다또 와깟떼 이마스

🎈 저는 성격이 급한 편입니다.

私は気が短いほうです。

와따시와 기가 미지까이 호-데스

🎈 그는 수다쟁이에다가 자기에 대한 말밖에 하지 않습니다.

彼はおしゃべりで、その上自分のことしか話しません。

가레와 오샤베리데 소노우에 지분노 고또시까 하나시마셍

🎈 그는 사소한 것에 상당히 까다로운 사람입니다.

彼は細かいことになかなか口うるさい人です。

가레와 고마까이 고또니 나까나까 구찌우루사이 히또데스

🎈 그녀는 좀 마음이 좁고 완고한 것이 결점입니다.

彼女はちょっと心が狭くて頑固なところが欠点です。

가노죠와 춋또 고꼬로가 세마꾸떼 강꼬나 도꼬로가 겟뗀데스

365

예약을
변경하거나
취소할 때

👥 비행편을 변경할 수 있습니까?
便の変更をお願いできますか。
빈노 헹꼬-오 오네가이 데끼마스까

👥 어떻게 변경하고 싶습니까?
どのようにご変更なさいますか。
도노 요-니 고헹꼬- 나사이마스까

👥 10월 9일로 변경하고 싶습니다.
10月9日に変更したいのです。
쥬-가쯔 고꼬노까니 헹꼬-시따이노데스

👥 예약을 취소하고 싶은데요.
予約を取り消したいのですが。
요야꾸오 도리께시따이노데스가

👥 다른 항공사 비행기를 확인해 주세요.
他の会社の便を調べてください。
호까노 카이샤노 빙오 시라베떼 구다사이

121

365

지인·친구와의
교제

💡 우리들은 사이가 좋습니다.
私<small>(わたし)</small>たちは仲<small>(なか)</small>よしです。
와따시따찌와 나까요시데스

💡 그녀는 그저 친구예요.
彼女<small>(かのじょ)</small>はほんの友達<small>(ともだち)</small>ですよ。
가노죠와 혼노 도모다찌데스요

💡 아키코 양은 언제부터 아는 사이였습니까?
明子<small>(あきこ)</small>さんはいつからの知<small>(し)</small>り合<small>(あ)</small>いですか。
아끼꼬상와 이쯔까라노 시리아이데스까

💡 이 회사에서 가장 친한 사람은 누구입니까?
この会社<small>(かいしゃ)</small>でいちばん親<small>(した)</small>しい人<small>(ひと)</small>は誰<small>(だれ)</small>ですか。
고노 카이샤데 이찌반 시따시- 히또와 다레데스까

예약을
재확인할 때

예약을 재확인하고 싶은데요.

リコンファームをしたいのですが。

리콩화-무오 시따이노데스가

성함과 편명을 말씀하십시오.

お名前と便名をどうぞ。

오나마에또 빔메-오 도-조

무슨 편 몇 시 출발입니까?

何便で何時発ですか。

나니빈데 난지 하쯔데스까

저는 분명히 예약했습니다.

私は確かに予約しました。

와따시와 타시까니 요야꾸시마시따

즉시 확인해 주십시오.

至急、調べてください。

시뀨- 시라베떼 구다사이

122

365

이성과의
데이트·교제

🎈 이성 친구는 있습니까?
異性の友達はいますか。
이세-노 도모다찌와 이마스까

🎈 기무라 씨는 남자 친구가 있습니까?
木村さんはボーイフレンドがいますか。
기무라상와 보-이후렌도가 이마스까

🎈 특별히 교제하고 있는 여자는 없습니다.
特別に交際している女性はおりません。
토꾸베쯔니 코-사이시떼이루 죠세-와 오리마셍

🎈 여동생과 만날 수 있도록 주선해 주지 않겠나?
妹さんとデートできるように計らってくれないかな。
이모-또상또 데-또 데끼루요-니 하까랏떼 구레나이까나

🎈 이번 월요일에 그녀와 데이트합니다.
今度の月曜日に彼女とデートします。
곤도노 게쯔요-비니 가노죠또 데-또시마스

귀국편을
예약할 때

인천행을 예약하고 싶은데요.
インチョン行きを予約したいのですが。
인천 유끼오 요야꾸시따이노데스가

내일 비행기는 예약이 됩니까?
明日の便の予約はできますか。
아시따노 빈노 요야꾸와 데끼마스까

다른 비행기는 없습니까?
別の便はありますか。
베쯔노 빙와 아리마스까

편명과 출발 시간을 알려 주십시오.
便名と出発の時間を教えてください。
빔메-또 슛빠쯔노 지깡오 오시에떼 구다사이

123

365

연애에 대해서
말할 때

🎈 첫사랑은 12살 때였습니다.
初恋は12歳の時でした。
하쯔코이와 쥬-니사이노 도끼데시따

🎈 그녀와 연애 중입니다.
彼女と恋愛中です。
가노죠또 렝아이쮸-데스

🎈 기무라는 내 여동생에게 첫눈에 반해 버렸습니다.
木村は僕のいもうとに一目ぼれしてしまいました。
기무라와 보꾸노 이모-또니 히또메보레시떼 시마이마시따

🎈 요코에게 프로포즈를 했는데 거절당했어.
洋子にプロポーズしたのに、ふられちゃった。
요-꼬니 푸로뽀-즈시따노니 후라레쨪따

🎈 어울리는 커플이야.
お似合いのカップルだ。
오니아이노 캅뿌루다

환불 · 배달사고

👥 환불해 주시겠어요?

返金してもらえますか。

헨낀시떼 모라에마스까

👥 산 물건하고 다릅니다.

買ったものと違います。

갓따 모노또 치가이마스

👥 구입한 게 아직 배달되지 않았습니다.

買ったものがまだ届きません。

갓따 모노가 마다 도도끼마셍

👥 대금은 이미 지불했습니다.

代金はもう払いました。

다이낑와 모- 하라이마시따

👥 수리해 주시든지 환불해 주시겠어요?

修理するか、お金を返していただけますか。

슈-리스루까 오까네오 가에시떼 이따다께마스까

결혼 상대의 타입에
대해 말할 때 1

💬 키가 크고 핸섬하고, 게다가 농담을 할 줄 아는 사람이 좋아.
背が高くてハンサムで、それに冗談がわかる人がいいわ。
세가 다까꾸떼 한사무데 소레니 죠-당가 와까루 히또가 이-와

💬 스포츠를 좋아하고 나를 지켜 줄 것 같은 사람이 좋아.
スポーツ好きで私を守ってくれるような人がいいわ。
스뽀-쯔즈끼데 와따시오 마못떼 구레루 요-나 히또가 이-와

💬 유머가 있는 사람을 좋아해.
ユーモアのある人が好きなの。
유-모아노 아루 히또가 스끼나노

💬 포용력이 있고 융통성이 있는 사람을 좋아해요.
包容力があって融通のきく人が好きですわ。
호-요-료꾸가 앗떼 유-즈-노 기꾸 히또가 스끼데스와

💬 로맨틱하고 야심찬 남자를 좋아합니다.
ロマンチックで野心的な男性が好きです。
로만칙꾸데 야신떼끼나 단세-가 스끼데스

구입한 물건을
반품할 때

📇 어디로 가면 됩니까?

どこに行けばいいのですか。

도꼬니 이께바 이-노데스까

📇 반품하고 싶은데요.

返品したいのですが。

헴삔시따이노데스가

📇 아직 쓰지 않았습니다.

まだ使っていません。

마다 쯔깟떼 이마셍

📇 가짜가 하나 섞여 있었습니다.

偽物が一つ混ざっていました。

니세모노가 히또쯔 마잣떼 이마시따

📇 영수증은 여기 있습니다.

領収書はこれです。

료-슈-쇼와 고레데스

125

365

결혼 상대의 타입에
대해 말할 때 2

💬 지적이고 온화한 사람과 있으면 가장 편해.
知的で穏やかな人といるといちばんほっとするの。
치떼끼데 오다야까나 히또또 이루또 이찌방 홋또스루노

💬 어떤 사람과 결혼하고 싶습니까?
どんな人と結婚したいですか。
돈나 히또또 겟꼰시따이데스까

💬 직장이 안정된 사람과 결혼하고 싶어.
仕事が安定している人と結婚したいわ。
시고또가 안떼-시떼이루 히또또 겟꼰시따이와

💬 눈이 크고 머리카락이 긴 여자를 좋아합니다.
目が大きくて髪の長い女性が好きです。
메가 오-끼꾸떼 가미노 나가이 죠세-가 스끼데스

💬 가정적인 사람과 결혼하고 싶습니다.
家庭的な人と結婚したいと思います。
가떼-테끼나 히또또 겟꼰시따이또 오모이마스

구입한 물건을
교환할 때

🗣 여기에 얼룩이 있습니다.

ここにシミが付いています。

고꼬니 미가 쓰이떼 이마스

🗣 새 것으로 바꿔드리겠습니다.

新しいものとお取り替えします。

아따라시- 모노또 오또리까에 시마스

🗣 구입 시에 망가져 있었습니까?

ご購入時に壊れていましたか。

고코-뉴-지니 고와레떼 이마시따까

🗣 샀을 때는 몰랐습니다.

買ったときには気がつきませんでした。

갓따 토끼니와 키가 쓰끼마센데시따

🗣 사이즈가 안 맞았어요.

サイズが合いませんでした。

사이즈가 아이마센데시따

126

365

약혼에서
결혼까지

🎈 **결혼했습니까, 독신입니까?**

結婚してますか、獨身ですか。

겟꼰시떼 마스까 도꾸신데스까

🎈 **누나는 결혼했습니까?**

お姉さんは結婚してるんですか。

오네-상와 겟꼰시떼룬데스까

🎈 **여동생은 요전 토요일에 결혼했습니다.**

妹はこの前の土曜日に結婚しました。

이모-또와 고노 마에노 도요-비니 겟꼰시마시따

🎈 **언제 그와 결혼하니?**

いつ彼と結婚するの?

이쯔 가레또 겟꼰스루노

🎈 **몇 살에 결혼하고 싶습니까?**

いくつで結婚したいと思いますか。

이꾸쯔데 겟꼰시따이또 오모이마스까

포장을 부탁할 때

봉지를 주시겠어요?

袋をいただけますか。

후꾸로오 이따다께마스까

봉지에 넣기만 하면 됩니다.

袋に入れるだけでけっこうです。

후꾸로니 이레루다께데 겟꼬-데스

이걸 선물용으로 포장해 주시겠어요?

これをギフト用に包んでもらえますか。

고레오 기후또요-니 쓰쓴데 모라에마스까

따로따로 포장해 주세요.

別々に包んでください。

베쯔베쯔니 쓰쓴데 구다사이

이거 넣을 박스 좀 얻을 수 있나요?

これを入れるボックスをいただけますか。

고레오 이레루 복꾸스오 이따다께마스까

결혼식과
결혼생활에 대해
말할 때

🎈 중매결혼은 중매쟁이가 주선합니다.
見合い結婚は仲人さんが整えます。
미아이겟꽁와 나꼬-도상가 도또노에마스

🎈 당신은 중매로 결혼할 생각입니까?
あなたはお見合いで結婚するつもりですか。
아나따와 오미아이데 겟꼰스루 쯔모리데스까

🎈 신식 결혼식을 합니까?
新式の結婚式をやりますか。
신시끼노 겟꼰시끼오 야리마스까

🎈 피로연은 호텔에서 합니까?
披露宴はホテルでやりますか。
히로-엥와 호떼루데 야리마스까

🎈 신혼여행은 괌으로 갑니다.
新婚旅行はグアムへ行きます。
싱꼰료꼬-와 구아무에 이끼마스

**구입 결정과
지불 방법**

- 이걸로 하겠습니다.

これにします。

고레니 시마스

- 이것을 10개 주세요.

これを10個_{じゅっ こ}ください。

고레오 죽-꼬 구다사이

- 지불은 어떻게 하시겠습니까?

お支払_{し はら}いはどうなさいますか。

오시하라이와 도- 나사이마스까

- 카드도 됩니까?

カードで支払_{し はら}いできますか。

카-도데 시하라이 데끼마스까

- 여행자수표도 받나요?

トラベラーズチェックで支払_{し はら}いできますか。

토라베라-즈 첵꾸데 시하라이 데끼마스까

365

출산에 대해
말할 때

🎈 곧 아내가 아이를 낳습니다.
つま ちか こども う
妻に近く子供が生まれます。
쯔마니 치까꾸 고도모가 우마레마스

🎈 예정일은 언제입니까?
よ てい び
予定日はいつですか。
요떼-비와 이쯔데스까

🎈 그녀는 임신 3개월입니다.
かのじょ にんしんさん か げつ
彼女は妊娠3ヶ月です。
가노죠와 닌싱 상까게쯔데스

🎈 축하할 일이 생겼다면서요?
おめでただそうですね。
오메데따다 소-데스네

🎈 자녀는 몇 명 갖고 싶으세요?
こ なんにん
お子さんは何人ほしいですか。
오꼬상와 난닝 호시-데스까

전부 해서 얼마가 됩니까?

全部でいくらになりますか。

젬부데 이꾸라니 나리마스까

하나에 얼마입니까?

1つ、いくらですか。

히또쯔 이꾸라데스까

이건 세일 중입니까?

これはセール中ですか。

고레와 세-루쮸데스까

세금이 포함된 가격입니까?

税金は含まれた額ですか。

제이낑와 후꾸마레따 가꾸데스까

너무 비쌉니다.

高すぎます。

다까스기마스

129

365

부부싸움과 이혼에
대해 말할 때

🎈 우리들은 자주 싸워.
私たちはよくけんかする。
와따시다찌와 요꾸 겡까스루

🎈 이제 아내를 사랑하지 않아.
もう妻を愛していないんだ。
모- 쯔마오 아이시떼 이나인다

🎈 넌 변했어.
君は変わったよ。
기미와 가왓따요

🎈 너와 함께 있어도 재미없어.
あなたといてもつまらないの。
아나따또 이떼모 쯔마라나이노

🎈 이혼하자.
離婚しよう。
리꽁시요

재질은 무엇입니까?

材質は何ですか。

자이시쯔와 난데스까

일제입니까?

日本製ですか。

니혼세-데스까

질은 괜찮습니까?

質はいいですか。

시쯔와 이-데스까

이건 실크 100%입니까?

これはシルク100%ですか。

고레와 시루꾸 햐꾸 파-센또데스까

이건 수제입니까?

これはハンドメイドですか。

고레와 한도메이도데스까

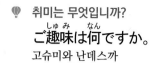

💡 취미는 무엇입니까?
ご趣味は何ですか。
고슈미와 난데스까

💡 일 이외에 무슨 특별한 흥미가 있습니까?
仕事以外に何か特に興味のあることはありますか。
시고또 이가이니 나니까 도꾸니 쿄-미노아루 고또와 아리마스까

💡 취미 중에 하나는 기념우표를 모으는 것입니다.
趣味の1つは記念切手を集めることです。
슈미노 히또쯔와 기넹깃떼오 아쯔메루 고또데스

💡 골동품 수집에 흥미가 있습니다.
骨董品集めに興味があります。
곳또-힝 아쯔메니 쿄-미가 아리마스

디자인·사이즈를
고를 때

☗ 다른 스타일은 있습니까?

ほかの型はありますか。

호까노 가따와 아리마스까

☗ 이런 디자인은 좋아하지 않습니다.

このデザインは好きではありません。

고노 데자잉와 스끼데와 아리마셍

☗ 다른 디자인은 있습니까?

他のデザインはありますか。

호까노 데자잉와 아리마스까

☗ 사이즈는 이것뿐입니까?

サイズはこれだけですか。

사이즈와 고레다께데스까

☗ 더 큰 것은 있습니까?

もっと大きいのはありますか。

못또 오-끼-노와 아리마스까

기분 전환에
대해 말할 때

🎈 기분 전환으로 어떤 것을 하십니까?

気晴らしにどんなことをなさいますか。

기바라시니 돈나 고또오 나사이마스까

🎈 일이 끝난 후에 어떻게 즐기십니까?

仕事の後はどうやって楽しんでますか。

시고또노 아또와 도-얏떼 다노신데 마스까

🎈 한가한 때는 무엇을 하십니까?

お暇な時は何をなさいますか。

오히마나 도끼와 나니오 나사이마스까

🎈 자주 근처를 산책하고 있습니다.

よく近所を散歩してます。

요꾸 긴죠오 삼뽀시떼마스

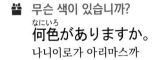
색상을 고를 때

👥 무슨 색이 있습니까?

何色がありますか。
なにいろ

나니이로가 아리마스까

👥 빨간 것은 있습니까?

赤いのはありますか。
あか

아까이노와 아리마스까

👥 너무 화려합니다.

派手すぎます。
は で

하데스기마스

👥 더 화려한 것은 있습니까?

もっと派手なのはありますか。
は で

못또 하데나노와아리마스까

👥 더 수수한 것은 있습니까?

もっと地味なのはありますか。
じ み

못또 지미나노와 아리마스까

132

365

오락에 대해
말할 때

💡 어떤 게임을 하고 싶으세요?

どんなゲームをしたいんですか。
돈나 게-무오 시따인데스까

💡 포커 치는 법을 가르쳐 줄래요?

ポーカーのやり方を教えてくれますか。
포-까-노 야리카따오 오시에떼 구레마스까

💡 가위바위보로 차례를 정합시다.

ジャンケンで順番を決めましょう。
쟝껜데 쥼방오 기메마쇼

💡 텔레비전 게임에 빠져 있습니다.

テレビゲームに夢中になっています。
테레비- 게-무니 무쮸-니 낫떼 이마스

💡 파친코를 해 보았습니까?

パチンコをやってみましたか。
파찡꼬오 얏떼 미마시따까

물건을 보고
싶을 때

그걸 봐도 될까요?

それを見てもいいですか。

소레오 미떼모 이-데스까

몇 가지 보여 주세요.

いくつか見せてください。

이꾸쓰까 미세떼 구다사이

이 가방을 보여 주시겠어요?

このバッグを見せてもらえますか。

고노 박구오 미세떼 모라에마스까

다른 것을 보여 주시겠어요?

別のものを見せていただけますか。

베쯔노 모노오 미세떼 이따다께마스까

더 품질이 좋은 것은 없습니까?

もっと質のいいのはありませんか。

못또 시쯔노 이-노와 아리마셍까

133

365

텔레비전에
대해 말할 때

💬 텔레비전은 자주 봅니까?

テレビはよく見ますか。

테레비와 요꾸 미마스까

💬 이 연속극은 젊은 여성에게 인기가 있습니다.

この連属ドラマは若い女性に人気があるん
ですよ。

고노 렌조꾸도라마와 와까이 죠세-니 닝끼가 아룬데스요

💬 버라이어티 쇼는 그다지 보지 않습니다.

バラエティ・ショーはあまり見ません。

바라에띠 쇼-와 아마리 미마셍

💬 보고 싶은 프로는 녹화해 두고 나중에 차분히 봅니다.

見たい番組は録画しておいて、あとでゆっ
くり見るんです。

미따이 방구미와 로꾸가시떼 오이떼 아또데 육꾸리 미룬데
스

구체적으로 찾는
물건을 말할 때

저걸 보여 주시겠어요?

あれを見せてください。

아레오 미세떼 구다사이

면으로 된 것이 필요한데요.

綿素材のものが欲しいんですが。

멘 소자이노 모노가 호시인데스가

이것과 같은 것은 있습니까?

これと同じものはありますか。

고레또 오나지 모노와 아리마스까

이것뿐입니까?

これだけですか。

고레다께데스까

30세 정도의 남자에게는 뭐가 좋을까요?

30歳くらいの男性には何がいいですか。

산줏사이 쿠라이노 단세-니와 나니가 이-데스까

독서에 대해
말할 때

💡 책을 많이 읽습니까?
本をたくさん読みますか。
홍오 닥상 요미마스까

💡 바빠서 차분히 독서할 시간이 없습니다.
忙しくて、ゆっくり読書する時間がありません。
이소가시꾸떼 육꾸리 도꾸쇼스루 지깡가 아리마셍

💡 어떤 책을 늘 읽습니까?
いつもどんな本を読みますか。
이쯔모 돈나 홍오 요미마스까

💡 어떤 책을 고르십니까?
どんな本の選び方をなさってますか。
돈나 혼노 에라비카따오 나삿떼마스까

💡 좋아하는 작가는 누구입니까?
好きな作家はだれですか。
스끼나 삭까와 다레데스까

물건을 찾을 때

여기 잠깐 봐 주시겠어요?

ちょっとよろしいですか。

촛또 요로시-데스까

코트를 찾고 있습니다.

コートを探^{さが}しているのです。

코-또오 사가시떼 이루노데스

아내에게 선물할 것을 찾고 있습니다.

妻^{つま}へのプレゼントを探^{さが}しています。

쯔마에노 푸레젠또오 사가시떼 이마스

캐주얼한 것을 찾고 있습니다.

カジュアルなものを探^{さが}しています。

카쥬아루나 모노오 사가시떼 이마스

샤넬은 있습니까?

シャネルは置^おいてありますか。

샤네루와 오이떼 아리마스까

신문과 잡지에
대해 말할 때

🎈 신문은 무엇을 구독하고 있습니까?

新聞は何をとってますか。

심붕와 나니오 돗떼마스까

🎈 광고와 만화를 대충 보고 나서 사설을 읽습니다.

広告と漫画に目を通してから社説を読みます。

고-꼬꾸또 망가니 메오 도-시떼까라 샤세쯔오 요미마스

🎈 어떤 잡지를 좋아합니까?

どんな雑誌が好きですか。

돈나 잣시가 스끼데스까

🎈 저에게 재미있는 잡지를 소개해 주지 않을래요?

私におもしろい雑誌を紹介してくれませんか。

와따시니 오모시로이 잣시오 쇼-까이시떼 구레마셍까

가게에 들어서서

🛍 (점원) 어서 오십시오.

いらっしゃいませ。

이랏샤이마세

🛍 뭔가 찾으십니까?

何かお探しですか。

나니까 오사가시데스까

🛍 그냥 구경하는 겁니다.

見ているだけです。

미떼이루 다께데스

🛍 필요한 것이 있으시면 말씀하십시오.

何かご用がありましたら、お知らせください。

나니까 고요-가 아리마시따라 오시라세 구다사이

136

365

영화에 대해
말할 때

💡 영화는 자주 보러 갑니까?
映画にはよく行きますか。
에-가니와 요꾸 이끼마스까

💡 어떤 영화를 좋아하십니까?
どんな映画がお好きですか。
돈나 에-가가 오스끼데스까

💡 그 영화는 어땠습니까?
その映画はどうでした?
소노 에-가와 도-데시따

💡 좋아하는 남자 배우, 여자 배우는 누구입니까?
好きな男優、女優は誰ですか。
스끼나 단유- 죠유-와 다레데스까

💡 주말에 극장에 가지 않을래요?
週末に映画館へ行きませんか。
슈-마쯔니 에-가깡에 이끼마셍까

230
365

가게를 찾을 때

가장 가까운 슈퍼는 어디에 있습니까?
一番近いスーパーはどこですか。
いちばんちか
이찌반 치까이 스-빠-와 도꼬데스까

편의점을 찾고 있습니다.
コンビニを探しています。
さが
콤비니오 사가시떼 이마스

좋은 스포츠 용품점을 가르쳐 주시겠어요?
いいスポーツ用具店を教えてください。
ようぐてん　おし
이- 스뽀-쯔　요-구뗑오 오시에떼 구다사이

그건 어디서 살 수 있나요?
それはどこで買えますか。
か
소레와 도꼬데 가에마스까

그 가게는 오늘 문을 열었습니까?
その店は今日開いていますか。
みせ　きょう あ
소노 미세와 쿄- 아이떼 이마스까

건강에 대해
말할 때

🎈 기운이 없어 보이네요.

元気がないようですね。

겡끼가 나이요-데스네

🎈 어디 편찮으세요?

ご気分でも悪いんですか。

고키분데모 와루인데스까

🎈 좀 안색이 안 좋은 것 같군요.

ちょっと顔色がすぐれないようですね。

촛또 가오이로가 스구레나이 요-데스네

🎈 어디 안 좋으세요?

どこが悪いんですか。

도꼬가 와루인데스까

쇼핑센터를
찾을 때

🛍 쇼핑센터는 어디에 있습니까?

ショッピングセンターはどこにありますか。

숍핑구 센따-와 도꼬니 아리마스까

🛍 쇼핑 가이드는 있나요?

ショッピングガイドはありますか。

숍핑구 가이도와 아리마스까

🛍 면세점은 있습니까?

免税店はありますか。
めんぜいてん

멘제-뗑와 아리마스까

🛍 이 주변에 백화점은 있습니까?

この辺りにデパートはありますか。
あた

고노 아따리니 데빠-또와 아리마스까

138

365

건강에 대해
대답할 때

💬 오늘은 조금 좋아졌습니까?
今日は少し良くなりましたか。
쿄-와 스꼬시 요꾸 나리마시따까

💬 완전히 나았습니까?
完全に治りましたか。
칸젠니 나오리마시다까

💬 아무데도 이상이 없습니다.
どこもおかしくありません。
도꼬모 오까시꾸 아리마셍

💬 괜찮습니다. 걱정 마세요.
大丈夫です。ご心配なく。
다이죠-부데스 고심빠이나꾸

💬 컨디션은 좋습니다.
体調はいいです。
타이쬬-와 이-데스

기념품점에서

♟ 그림엽서는 있습니까?

絵ハガキはありますか。

에하가끼와 아리마스까

♟ 기념품으로 인기 있는 것은 무엇입니까?

おみやげで人気があるのは何ですか。

오미야게데 닝끼가 아루노와 난데스까

♟ 이 박물관의 오리지널 상품입니까?

この博物館のオリジナル商品ですか。

고노 하꾸부쯔깐노 오리지나루 쇼-힌데스까

♟ 건전지는 어디서 살 수 있나요?

電池はどこで買えますか。

덴찌와 도꼬데 가에마스까

139

365

상대를 위로할 때

💬 몸이 좋지 않아서 힘들겠군요.
具合が悪くて大変ですね。
구아이가 와루꾸떼 다이헨데스네

💬 빨리 나으면 좋겠군요.
早く良くなるといいですね。
하야꾸 요꾸나루또 이-데스네

💬 몸조리 잘하세요.
どうぞお大事に。
도-조 오다이지니

💬 좀 쉬는 게 어때요?
少し休んだらどうです?
스꼬시 야슨다라 도-데스

💬 잠시 누워 있는 게 좋겠어요.
しばらく横になったほうがいいですよ。
시바라꾸 요꼬니낫따 호-가 이-데스요

사진 촬영을
부탁할 때

📷 사진 좀 찍어 주시겠어요?

私の写真を撮ってもらえませんか。

와따시노 샤싱오 돗떼 모라에마센까

📷 셔터를 누르면 됩니다.

シャッターを押すだけです。

샷따-오 오스다께데스

📷 여기서 우리들을 찍어 주십시오.

ここから私たちを写してください。

고꼬까라 와따시타찌오 우쯔시떼 구다사이

📷 한 장 더 부탁합니다.

もう一枚お願いします。

모- 이찌마이 오네가이 시마스

📷 나중에 사진을 보내 드리겠습니다.

あとで写真を送ります。

아또데 샤싱오 오꾸리마스

운동에 대해
말할 때

💬 운동은 늘 합니까?
いつも運動していますか。
이쯔모 운도-시떼 이마스까

💬 운동을 무척 좋아합니다.
運動することが大好きです。
운도-스루 고또가 다이스끼데스

💬 매일 아침 조깅을 하고 있습니다.
毎朝、ジョギングしています。
마이아사 조깅구시떼 이마스

💬 매일 조금씩이라도 운동하려고 마음을 먹고 있습니다.
毎日少しでも運動するよう心掛けています。
마이니찌 스꼬시데모 운도-스루요- 고꼬로가께떼 이마스

💬 일찍 자고 일찍 일어나는 것이 건강의 비결입니다.
早寝早起きは健康の元です。
하야네 하야오끼와 겡꼬-노 모또데스

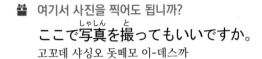
**사진 촬영을
허락받을 때**

- 여기서 사진을 찍어도 됩니까?
  ここで写真を撮ってもいいですか。
  고꼬데 샤싱오 돗떼모 이-데스까

- 여기서 플래시를 터뜨려도 됩니까?
  ここでフラッシュをたいてもいいですか。
  고꼬데 후랏슈오 다이떼모 이-데스까

- 비디오 촬영을 해도 됩니까?
  ビデオ撮影してもいいですか。
  비데오 사쯔에- 시떼모 이-데스까

- 당신 사진을 찍어도 되겠습니까?
  あなたの写真を撮ってもいいですか。
  아나따노 샤싱오 돗떼모 이-데스까

- 함께 사진을 찍으시겠습니까?
  一緒に写真を撮ってもらえませんか。
  잇쇼니 샤싱오 돗떼 모라에마셍까

스포츠에 대해

말할 때

💬 무슨 스포츠를 하십니까?

何かスポーツをおやりですか。

나니까 스뽀-쓰오 오야리데스까

💬 골프와 야구를 합니다.

ゴルフと野球をやります。

고루후또 야뀨-오 야리마스

💬 여름에는 수영하러, 겨울에는 스키나 스케이트를 타러 갑니다.

夏は水泳に、冬はスキーやスケートに行きます。

나쯔와 스이에-니 후유와 스끼-야 스께-또니 이끼마스

💬 어렸을 때부터 등산을 좋아했습니다.

子供のころから登山が好きでした。

고도모노 고로까라 도장가 스끼데시따

관람을 할 때

입장료는 얼마입니까?

入場料はいくらですか。

뉴-죠-료-와 이꾸라데스까

이 티켓으로 모든 전시를 볼 수 있습니까?

このチケットですべての展示が見られますか。

고노 치켓또데 스베떼노 덴지가 미라레마스까

무료 팸플릿은 있습니까?

無料のパンフレットはありますか。

무료-노 팡후렛또와 아리마스까

재입관할 수 있습니까?

再入館できますか。

사이뉴-깐 데끼마스까

짐을 맡아 주세요.

荷物を預かってください。

니모쯔오 아즈깟떼 구다사이

142

365

스포츠를
관전할 때

💡 스포츠는 직접 하는 것보다 보는 것에 흥미가 있습니다.

スポーツは自分でやるより観るほうに興味が
あります。

스뽀-쓰와 지분데 야루요리 미루 호-니 쿄-미가 아리마스

💡 밤에는 항상 텔레비전으로 야간경기를 보고 있습니다.

夜はいつもテレビでナイターを見ています。

요루와 이쯔모 테레비데 나이따-오 미떼 이마스

💡 복싱 시합을 보는 것은 좋아합니까?

ボクシングの試合を観るのは好きですか。

보꾸싱구노 시아이오 미루노와 스끼데스까

💡 이번 주말에 도쿄돔에 가지 않을래요?

今度の週末に東京ドームへ行きませんか。

곤도노 슈-마쯔니 도-꾜-도-무에 이끼마센까

💡 어디와 어디 시합입니까?

どことどこの試合ですか。

도꼬또 도꼬노 시아이데스까

224

365

관광을 하면서

👥 전망대는 어떻게 오릅니까?
展望台へはどうやって上がるのですか。
템보-다이에와 도-얏떼 아가루노데스까

👥 저 건물은 무엇입니까?
あの建物は何ですか。
아노 다떼모노와 난데스까

👥 누가 여기에 살았습니까?
誰が住んでいたのですか。
다레가 슨데이따노데스까

👥 언제 세워졌습니까?
いつごろ建てられたのですか。
이쯔고로 다떼라레따노데스까

👥 퍼레이드는 언제 있습니까?
パレードはいつありますか。
파레-도와 이쯔 아리마스까

여러 가지
스포츠에 대해
말할 때

🎈 야구는 가장 활발한 스포츠 중 하나입니다.

野球は最も盛んなスポーツの1つです。

야큐-와 못또모 사깐나 스뽀-쓰노 히또쯔데스

🎈 요즘에는 축구에 흥미가 있습니다.

最近はサッカーに興味があります。

사이낀와 삭까-니 쿄-미가 아리마스

🎈 스키 같은 겨울 스포츠를 좋아합니다.

スキーのような冬のスポーツが好きです。

스끼-노 요-나 후유노 스뽀-쓰가 스끼데스

🎈 월드컵으로 축구를 좋아하게 되었습니다.

ワールドカップでサッカーが好きになりました。

와-루도캅뿌데 삭까-가 스끼니나리마시따

🎈 여름에는 다이빙, 요트 등을 하러 갑니다.

夏にはダイビング、ヨットなどに出かけます。

나쯔니와 다이빙구 욧또 나도니 데까께마스

223

365

관광버스 안에서

- 저것은 무엇입니까?
  あれは何ですか。
  아레와 난데스까

- 저것은 무슨 강입니까?
  あれは何という川ですか。
  아레와 난또 이우 가와데스까

- 여기서 얼마나 머뭅니까?
  ここでどのくらい止まりますか。
  고꼬데 도노쿠라이 도마리마스까

- 몇 시에 버스로 돌아오면 됩니까?
  何時にバスに戻ってくればいいですか。
  난지니 바스니 모돗떼구레바 이-데스까

144

365

날씨에 대한
인사말

🎈 날씨가 좋군요.
いい天気ですね。
이- 텡끼데스네

🎈 이런 날씨가 계속되면 좋겠군요.
こんな天気が続くといいですね。
곤나 텡끼가 쯔즈꾸또 이-데스네

🎈 별로 날씨가 좋지 않군요.
あまり天気が良くないですね。
아마리 텡끼가 요꾸나이데스네

🎈 또 비가 올 것 같군요.
また雨になりそうですね。
마따 아메니 나리소-데스네

투어를 이용할 때

관광버스 투어는 있습니까?

観光バスツアーはありますか。

캉꼬바스 쯔아- 와 아리마스까

어떤 투어가 있습니까?

どんなツアーがあるんですか。

돈나 쯔아-가 아룬데스까

오전[오후] 코스는 있습니까?

午前[午後]のコースはありますか。

고젠[고고]노 코-스와 아리마스까

야간관광은 있습니까?

ナイトツアーはありますか。

나이또 쯔아- 와 아리마스까

식사는 나옵니까?

食事は付いていますか。

쇼꾸지와 쯔이떼 이마스까

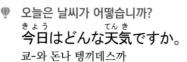
날씨를 묻는 표현과
일기예보

💡 오늘은 날씨가 어떻습니까?
今日はどんな天気ですか。
쿄-와 돈나 텡끼데스까

💡 오늘 일기예보는?
今日の天気予報は?
쿄-노 텡끼요호-와

💡 일기예보에 의하면 내일은 비가 온답니다.
天気予報によると明日は雨だそうです。
텡끼요호-니 요루또 아스와 아메다 소-데스

💡 오늘 일기예보로는 오전 중에는 흐리고, 오후에는 비가 내립니다.
今日の天気予報では、午前中は曇り、午後は雨です。
쿄-노 텡끼요호-데와 고젠쮸-와 구모리 고고와 아메데스

221

365

시내의
관광안내소에서

🏛 이 도시의 관광안내 팸플릿이 있습니까?

この町の観光案内パンフレットはあります
か。

고노 마찌노 캉꼬-안나이 팡후렛또와 아리마스까

🏛 여기서 볼만한 곳을 가르쳐 주시겠어요?

ここの見どころを教えてください。

고꼬노 미도꼬로오 오시에떼 구다사이

🏛 여기서 표를 살 수 있습니까?

ここで切符が買えますか。

고꼬데 깁뿌가 가에마스까

🏛 여기서 걸어서 갈 수 있습니까?

ここから歩いて行けますか。

고꼬까라 아루이떼 이께마스까

146

365

맑고 흐린 날씨에
대해 말할 때

🌱 날씨가 개었어요.
晴れてきましたよ。
하레떼 기마시따요

🌱 요즘 날씨가 계속해서 좋군요.
このところすばらしい天気が続いてますね。
고노도꼬로 스바라시- 텡끼가 쓰즈이떼마스네

🌱 점점 흐려지네요.
だんだん曇ってきましたよ。
단당 구못떼 기마시따요

🌱 당장이라도 비가 내릴 것 같군요.
今にも雨が降りそうですね。
이마니모 아메가 후리소-데스네

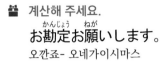

계산할 때

- 계산해 주세요.
  お勘定お願いします。
  かんじょう　ねが
  오깐죠- 오네가이시마스

- 전부 해서 얼마입니까?
  全部でおいくらですか。
  ぜんぶ
  젬부데 오이꾸라데스까

- 이 요금은 무엇입니까?
  この料金は何ですか。
  りょうきん　なん
  고노 료-낑와 난데스까

- 계산이 틀린 것 같습니다.
  計算が違っているようです。
  けいさん　ちが
  게-상가 치갓떼이루 요-데스

- 봉사료는 포함되어 있습니까?
  サービス料は入っていますか。
  りょう　はい
  사-비스료-와 하잇떼 이마스까

147

365

바람이 부는
날씨에 대해
말할 때

🗨 밖에는 바람이 세차겠죠?
外は風が強いでしょう?
소또와 가제가 쓰요이데쇼

🗨 바람이 심하게 불고 있군요.
風がひどく吹いていますね。
가제가 히도꾸 후이떼 이마스네

🗨 바람이 완전히 멎었습니다.
風がすっかりおさまりました。
가제가 슥까리 오사마리마시따

🗨 정말 기분이 좋은 바람이죠.
なんて気持ちのいい風でしょう。
난떼 기모찌노 이- 가제데쇼

219

365

지불방법을
말할 때

🗣 여기서 지불할 수 있나요?

ここで払えますか。

고꼬데 하라에마스까

🗣 따로따로 지불하고 싶은데요.

別々に支払いをしたいのですが。

베쯔베쯔니 시하라이오 시따이노데스가

🗣 제 몫은 얼마인가요?

私の分はいくらですか。

와따시노 붕와 이꾸라데스까

🗣 팁은 포함되어 있습니까?

チップは含まれていますか。

칩뿌와 후꾸마레떼 이마스까

🗣 제가 내겠습니다.

私のおごりです。

와따시노 오고리데스

비 오는 날씨에
대해 말할 때

💡 (비가) 심하게 내리는군요.

ひどい降りですねえ。

히도이 후리데스네

💡 억수같이 쏟아지는군요.

どしゃ降りになりますね。

도샤부리니 나리마스네

💡 그저 지나가는 비예요.

たんなる通り雨ですよ。

단나루 도-리아메데스요

💡 만약을 위해 우산을 가지고 가는 게 좋겠어요.

念のため傘は持って行くほうがいいですよ。

넨노따메 가사와 못떼이꾸 호-가 이-데스요

💡 이제 비는 그쳤습니까?

もう雨は止みましたか。

모- 아메와 야미마시따까

요리에 문제가
있을 때

👥 수프에 뭐가 들어 있습니다.

スープに何か入っています。

수-뿌니 나니까 하잇떼 이마스

👥 요리가 덜 된 것 같네요.

ちょっと火が通っていないようですが。

촛또 히가 도옷떼 이나이 요-데스가

👥 이 요리를 데워 주세요.

この料理を温めてください。

고노 료-리오 아따따메떼 구다사이

👥 너무 많아서 먹을 수 없습니다.

ちょっと多すぎて食べられません。

촛또 오-스기떼 다베라레마셍

149

365

따뜻한 날씨에
대해 말할 때

💡 점점 따뜻해지는군요.
だんだん暖かくなってきましたね。
단당 아따따까꾸낫떼 기마시따네

💡 따뜻해서 기분이 좋군요.
暖かくて気持ちがいいですね。
아따따까꾸떼 기모찌가 이-데스네

💡 오늘은 따스하군요.
今日はぽかぽか暖かいですね。
쿄-와 뽀까뽀까 아따따까이데스네

💡 이 시기 치고는 제법 따뜻하군요.
この時期にしてはかなり暖かいですね。
고노 지끼니 시떼와 가나리 아따따까이데스네

💡 이제 곧 따뜻해지겠지요.
もうじき暖かくなるでしょうね。
모-지끼 아따따까꾸 나루데쇼-네

365

주문을 취소하거나

바꿀 때

👥 이건 주문하지 않았는데요.

これは注文していませんが。

고레와 츄-몬시떼 이마셍가

👥 주문을 확인해 주시겠어요?

注文を確かめてください。

츄-몽오 다시까메떼 구다사이

👥 주문을 취소하고 싶은데요.

注文をキャンセルしたいのですが。

츄-몽오 칸세루 시따이노데스가

👥 주문을 바꿔도 되겠습니까?

注文を変えてもいいですか。

츄-몽오 가에떼모 이-데스까

👥 유리컵이 더럽습니다.

グラスが汚れています。

구라스가 요고레떼 이마스

더운 날씨에
대해 말할 때

💡 오늘은 상당히 덥군요.
今日はなかなか暑いですね。
쿄-와 나까나까 아쯔이데스네

💡 오늘도 다시 더워질 것 같군요.
今日もまた暑くなりそうですよ。
쿄-모 마따 아쯔꾸나리 소-데스요

💡 창문을 열어도 될까요? 푹푹 찌니까요.
窓を開けてもいいですか。むしむししますから。
마도오 아께떼모 이-데스까 무시무시시마스까라

💡 이 더위는 견딜 수 없습니다.
この暑さには耐えられません。
고노 아쯔사니와 다에라레마셍

💡 더운 것은 괜찮은데, 이 습기에는 질렸습니다.
暑いのは平気ですが、この湿気にはまいりますよ。
아쯔이노와 헤-끼데스가 고노 식께니와 마이리마스요

216

365

요리가 늦게
나올 때

☕ 주문한 게 아직 안 나왔습니다.

注文したものが来ていません。

츄-몬시따 모노가 기떼 이마셍

☕ 어느 정도 기다려야 합니까?

どのくらい待ちますか。

도노쿠라이 마찌마스까

☕ 아직 시간이 많이 걸립니까?

まだだいぶ時間がかかりますか。

마다 다이부 지깡가 가까리마스까

☕ 조금 서둘러 주시겠어요?

少し急いでくれませんか。

스꼬시 이소이데 구레마셍까

151

365

차가운 날씨에
대해 말할 때

💡 좀 차가워졌군요.
ちょっと冷え込んできましたね。
촛또 히에꼰데 기마시따네

💡 추워졌어요.
寒くなりましたね。
사무꾸 나리마시다네

💡 쌀쌀하군요.
冷え冷えしますね。
히에비에시마스네

💡 저는 추워서 죽겠습니다. 당신은?
私は寒くてたまりません。あなたは?
와따시와 사무꾸떼 다마리마셍 아나따와

💡 겨울이 되면 추워집니다.
冬になると寒くなります。
후유니 나루또 사무꾸나리마스

디저트 · 식사를
마칠 때

🍴 디저트를 주세요.

デザートをください。
데자-또오 구다사이

🍴 디저트는 뭐가 있나요?

デザートは何がありますか。
데자-또와 나니가 아리마스까

🍴 이걸 치워 주시겠어요?

これを下げてください。
고레오 사게떼 구다사이

🍴 맛있는데요!

これはおいしいです。
고레와 오이시-데스

🍴 (동석한 사람에게) 담배를 피워도 되겠습니까?

タバコを吸ってもいいですか。
다바꼬오 슷떼모 이-데스까

계절에 대해
말할 때

💡 당신이 가장 좋아하는 계절은?
あなたのいちばん好きな季節は?
아나따노 이찌반 스끼나 기세쯔와

💡 완전히 봄이군요.
すっかり春ですね。
슥까리 하루데스네

💡 장마에 들어섰습니다.
梅雨に入っています。
쯔유니 하잇떼 이마스

💡 태풍이 다가오고 있습니다.
台風が近づいています。
타이후-가 치까즈이떼 이마스

필요한 것을
부탁할 때

빵을 좀 더 주세요.

もう少_{すこ}しパンをください。

모- 스꼬시 팡오 구다사이

물 한 잔 주세요.

水_{みず}を一杯_{いっぱい}ください。

미즈오 입빠이 구다사이

소금 좀 갖다 주시겠어요?

塩_{しお}をいただけますか。

시오오 이따다께마스까

젓가락을 떨어뜨렸습니다.

箸_{はし}を落_おとしてしまいました。

하시오 오또시떼 시마이마시따

~를 하나 더 주세요.

～おかわりお願_{ねが}いします。

오까와리 오네가이 시마스

153

365

시간을 묻고
답할 때

💬 지금 몇 시입니까?
今、何時ですか。
이마 난지데스까

💬 8시 5분입니다.
8時5分です。
하찌지 고훈데스

💬 9시 5분 전입니다.
9時5分前です。
구지 고훔마에데스

💬 11시 15분이 지났습니다.
11時15分過ぎです。
쥬-이찌지 쥬-고훈스기데스

365

먹는 법·재료를
물을 때

🗳 먹는 법을 가르쳐 주시겠어요?

食べ方を教えてください。

다베까따오 오시에떼 구다사이

🗳 이건 어떻게 먹으면 됩니까?

これはどうやって食べたらいいですか。

고레와 도-얏떼 다베따라 이-데스까

🗳 이 고기는 무엇입니까?

このお肉は何ですか。

고노 오니꾸와 난데스까

🗳 이것은 재료로 무엇을 사용한 겁니까?

これは材料に何を使っているのですか。

고레와 자이료-니 나니오 쓰깟떼 이루노데스까

시간에 대해

말할 때

🎈 몇 시에 약속이 있습니까?

何時に約束がありますか。

난지니 약소꾸가 아리마스까

🎈 4시 무렵에는 돌아오겠습니다.

4時頃には戻って来ます。

요지고로니와 모돗떼 기마스

🎈 시간이 없어요.

時間がありませんよ。

지깡가 아리마셍요

🎈 아침에는 몇 시 무렵에 일어납니까?

朝は何時ごろ起きますか。

아사와 난지고로 오끼마스까

🎈 어젯밤은 몇 시에 잤습니까?

昨夜は何時に寝ましたか。

사꾸야와 난지니 네마시따까

요리를 주문할 때

♟ (웨이터) 주문하시겠습니까?

ご注文をおうかがいできますか。

고츄-몽오 오우까가이 데끼마스까

♟ (웨이터를 부르며) 주문받으세요.

注文をしたいのですが。

츄-몽오 시따이노데스가

♟ (웨이터) 음료는 무엇으로 하시겠습니까?

飲み物は何になさいますか。

노미모노와 나니니 나사이마스까

♟ 여기서 잘하는 요리는 무엇입니까?

ここの自慢料理は何ですか。

고꼬노 지만료-리와 난데스까

♟ (메뉴를 가리키며) 이것과 이것으로 주세요.

これとこれをお願いします。

고레또 고레오 오네가이시마스

155

365

시계에 대해

말할 때

💬 내 시계는 11시입니다.
わたしの時計では11時です。
와따시노 도께-데와 쥬-이찌지데스

💬 내 시계는 정확합니다.
わたしの時計は正確です。
와따시노 도께-와 세-까꾸데스

💬 당신 시계는 좀 빠른 것 같습니다.
あなたのはちょっと進んでいると思います。
아나따노와 춋또 스슨데 이루또 오모이마스

💬 이 시계는 몇 초밖에 늦지 않습니다.
この時計は数秒しか遅れていません。
고노 도께-와 스-뵤-시까 오꾸레떼 이마셍

💬 자명종을 7시에 맞춰 놨는데 울리지 않았습니다.
**目覚ましを7時にセットしたのに、鳴りません
でした。**
메자마시오 시찌지니 셋또시따노니 나리마센데시따

👥 메뉴 좀 보여 주세요.

メニューを見せてください。

메뉴-오 미세떼 구다사이

👥 메뉴에 대해서 가르쳐 주세요.

メニューについて教えてください。

메뉴-니 쓰이떼 오시에떼 구다사이

👥 이 지방의 명물요리가 있습니까?

この地方の名物料理はありますか。

고노 치호-노 메-부쯔료-리와 아리마스까

👥 무엇을 권하시겠습니까?

何がおすすめですか。

나니가 오스스메데스까

👥 나중에 다시 오실래요?

またあとで来てもらえますか。

마따 아또데 기떼 모라에마스까

요일과 연월일에
대해 말할 때

💡 오늘은 며칠입니까?
今日は何日ですか。
쿄-와 난니찌데스까

💡 오늘은 무슨 요일입니까?
今日は何曜日ですか。
쿄-와 낭요-비데스까

💡 오늘은 몇 월 며칠입니까?
今日は何月何日ですか。
쿄-와 낭가쯔 난니찌데스까

💡 당신의 생일은 언제?
あなたの誕生日は?
아나따노 탄죠-비와

💡 몇 년 생입니까?
何年の生まれですか。
난넨노 우마레데스까

365

식당을 찾을 때

🏛 이 근처에 맛있게 하는 음식점은 없습니까?

この近くにおいしいレストランはありませんか。

고노 치까꾸니 오이시- 레스또랑와 아리마셍까

🏛 이곳에 한국 식당은 있습니까?

この町に韓国レストランはありますか。

고노 마찌니 캉꼬꾸 레스또랑와 아리마스까

🏛 식당이 많은 곳은 어디입니까?

レストランが多いのはどの辺りですか。

레스또랑가 오-이노와 도노 아따리데스까

🏛 이곳 사람들이 많이 가는 식당이 있습니까?

地元の人がよく行くレストランはありますか。

지모또노 히또가 요꾸 이꾸 레스또랑와 아리마스까

이발소에서

💬 어떻게 할까요?

どのようにしましょうか。

도노요-니 시마쇼-까

💬 이발과 면도를 부탁합니다.

散髪とひげそりをお願いします。

삼빠쯔또 히게소리오 오네가이시마스

💬 머리를 조금 잘라 주세요.

髪を少し刈ってください。

가미오 스꼬시 갓떼 구다사이

💬 머리를 염색을 해 주세요.

髪の毛を染めてください。

가미노께오 소메떼 구다사이

계산을 할 때

계산을 부탁합니다.
会計をお願いします。
_{かいけい} _{ねが}

카이께-오 오네가이시마스

신용카드도 됩니까?
クレジットカードで支払いできますか。
_{し はら}

쿠레짓또카-도데 시하라이 데끼마스까

여행자수표도 됩니까?
トラベラーズチェックで支払いできますか。
_{し はら}

토라베라-즈첵꾸데 시하라이 데끼마스까

전부 포함된 겁니까?
全部込みですか。
_{ぜん ぶ こ}

젬부 꼬미데스까

계산이 틀린 것 같은데요.
計算違いがあるようです。
_{けいさんちが}

케-산치가이가 아루요-데스

미용실에서

🎈 커트입니까, 파마입니까?

カットですか、パーマですか。

캇또데스까 파-마데스까

🎈 커트를 해 주세요.

カットしてください。

캇도시떼 구다사이

🎈 지금 헤어스타일을 조금 바꾸고 싶은데요.

今のヘアスタイルを少し変えたいんですが。

이마노 헤아스따이루오 스꼬시 가에따인데스가

🎈 이 부분은 너무 짧지 않도록 해 주세요.

この部分は短すぎないようにしてください。

고노 부붕와 미지까스기나이 요-니 시떼 구다사이

365

👥 (전화로) 체크아웃을 하고 싶은데요.

チェックアウトをしたいのですが。

첵꾸아우또오 시따이노데스가

👥 1234호실 홍길동입니다.

1234号室のホンギルドンです。

센니햐꾸 산쥬-용 고-시쯔노 홍기루동데스

👥 포터를 보내 주세요.

ポーターをお願いします。

포-타오 오네가이시마스

👥 맡긴 귀중품을 꺼내 주세요.

預けておいた貴重品を出してください。

아즈께떼 오이따 기쬬힝오 다시떼 구다사이

👥 출발할 때까지 짐을 맡아 주시겠어요?

出発まで荷物を預かってもらえますか。

슛빠쯔마데 니모쯔오 아즈깟떼 모라에마스까

세탁소에서

🎈 클리닝을 부탁해요.

クリーニングをお願_{ねが}いします。

쿠리-닝구오 오네가이시마스

🎈 언제 됩니까?

いつ仕上_{しあ}がりますか。

이쯔 시아가리마스까

🎈 와이셔츠 3장과 바지가 있습니다.

ワイシャツ3枚_{さんまい}とズボンがあります。

와이샤쯔 삼마이또 즈봉가 아리마스

🎈 이 얼룩은 질까요?

このしみは取_とれるでしょうか。

고노 시미와 도레루데쇼-까

🎈 내일 아침까지 부탁합니다.

明日_{あした}の朝_{あさ}までにお願_{ねが}いします。

아시따노 아사마데니 오네가이시마스

207

365

체크아웃을
준비할 때

📇 체크아웃은 몇 시입니까?

チェックアウトタイムは何時^{なんじ}ですか。

쳌꾸아우또 타이무와 난지데스까

📇 몇 시에 떠날 겁니까?

ご出発^{しゅっぱつ}は何時^{なんじ}ですか。

고슛빠쯔와 난지데스까

📇 하룻밤 더 묵고 싶은데요.

もう一泊^{いっぱく}したいのですが。

모- 입빠꾸 시따이노데스가

📇 하루 일찍 떠나고 싶은데요.

一日早^{いちにちはや}く発^たちたいのですが。

이찌니찌 하야꾸 다찌따이노데스가

📇 오후까지 방을 쓸 수 있나요?

午後^{ごご}まで部屋^{へや}を使^{つか}えますか。

고고마데 헤야오 쓰까에마스까

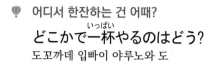
술을 마시자고
할 때

어디서 한잔하는 건 어때?

どこかで一杯やるのはどう?

도꼬까데 입빠이 야루노와 도

오늘 밤 한잔하러 가지 않을래요?

今晩、飲みに行きませんか。

곰반 노미니 이끼마센까

맥주를 마시러 가는 건 어때?

ビールを飲みに行くのはどうだい?

비-루오 노미니 이꾸노와 도-다이

귀가 길에 선술집에 들러 잠깐 한잔하자.

帰りに居酒屋へ寄ってちょっと一杯やろうよ。

가에리니 이자까야에 욧떼 춋또 입빠이야로-요

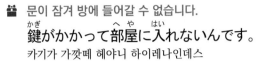

📋 문이 잠겨 방에 들어갈 수 없습니다.

鍵がかかって部屋に入れないんです。

카기가 가깟떼 헤야니 하이레나인데스

📋 열쇠를 방에 두고 나왔습니다.

鍵を部屋に忘れました。

카기오 헤야니 와스레마시다

📋 카드키는 어떻게 사용하죠?

カードキーはどうやって使うのでしょう?

카-도키-와 도-얏떼 쓰까우노데쇼

📋 방 번호를 잊어버렸습니다.

部屋の番号を忘れました。

헤야노 방고-오 와스레마시따

📋 옆방이 무척 시끄럽습니다.

となりの部屋がとてもうるさいんです。

도나리노 헤야가 도떼모 우루사인데스

술을 마시면서

🎈 맥주 한 잔 받아요.
ビールを一杯どうぞ。
비-루오 입빠이 도-조

🎈 소주는 어때?
焼酎はどうだい?
쇼-쮸-와 도-다이

🎈 자, 마셔요, 마셔.
さあ、どうぞどうぞ。
사- 도-조 도-조

🎈 좀 더 마시겠어요?
もう少しいかがですか。
모- 스꼬시 이까가데스까

🎈 건배!
乾杯!
감빠이

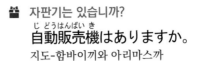
호텔의 시설을
이용할 때

🎁 자판기는 있습니까?

自動販売機はありますか。
<ruby>自<rt>じ</rt>動<rt>どう</rt>販<rt>はん</rt>売<rt>ばい</rt>機<rt>き</rt></ruby>

지도-함바이끼와 아리마스까

🎁 식당은 어디에 있습니까?

食堂はどこですか。
<ruby>食<rt>しょく</rt>堂<rt>どう</rt></ruby>

쇼꾸도-와 도꼬데스까

🎁 바는 언제까지 합니까?

バーはいつまで開いていますか。
<ruby>開<rt>あ</rt></ruby>

바-와 이쯔마데 아이떼 이마스까

🎁 이메일을 체크하고 싶은데요.

メールをチェックしたいのですが。

메-루오 첵꾸시따이노데스가

🎁 팩스는 있습니까?

ファックスはありますか。

확꾸스와 아리마스까

음주와 금주에
대해 말할 때

🎈 어느 정도 술을 마십니까?
どのくらい酒を飲みますか。
도노쿠라이 사께오 노미마스까

🎈 저는 술을 못하는 편입니다.
私はどちらかと言うと「下戸」です。
와따시와 도찌라까또 유-또 게꼬 데스

🎈 숙취는 없습니까?
二日酔いはしませんか。
후쯔까요이와 시마셴까

🎈 당신은 지나치게 술을 마셔요.
あなたは飲みすぎますよ。
아나따와 노미스기마스요

🎈 술을 끊으려고 합니다.
お酒をやめようと思っています。
오사께 오 야메요-또 오못떼 이마스

룸서비스가
들어올 때

🎁 (노크하면) 누구십니까?

どなたですか。

도나따데스까

🎁 잠시 기다리세요.

ちょっと待<small>ま</small>ってください。

촛또 맛떼 구다사이

🎁 들어오세요.

お入<small>はい</small りください。

오하이리 구다사이

🎁 이건 팁입니다.

これはチップです。

고레와 칩뿌데스

담배를 피울 때

🎈 여기서 담배를 피워도 될까요?

ここでタバコを吸ってもいいでしょうか。

고꼬데 다바꼬오 숫떼모 이-데쇼-까

🎈 여기서는 담배를 피우지 말았으면 좋겠어.

ここではタバコを吸ってもらいたくないの。

고꼬데와 다바꼬오 숫떼 모라이따꾸나이노

🎈 여기는 금연입니다.

ここは禁煙になっています。

고꼬와 깅엔니 낫떼 이마스

🎈 담배 한 대 피우시겠어요?

タバコを一本いかがですか。

다바꼬오 입뽕 이까가데스까

🎈 불 좀 빌려주시겠어요?

火を貸していただけますか。

히오 가시떼 이따다께마스까

203

365

룸서비스를
부탁할 때

룸서비스를 부탁합니다.

ルームサービスをお願いします。

루-무사-비스오 오네가이시마스

내일 아침 8시에 아침을 먹고 싶은데요.

明日の朝8時に朝食を食べたいのですが。

아시따노 아사 하찌지니 쵸-쇼꾸오 다베따이노데스가

세탁 서비스는 있습니까?

洗濯のサービスはありますか。

센따꾸노 사-비스와 아리마스까

모닝콜을 부탁합니다.

モーニングコールをお願いします。

모-닝구코-루오 오네가이시마스

방 번호를 말씀하십시오.

お部屋番号をどうぞ。

오헤야 방고-오 도-조

흡연·금연에
대해 말할 때

💡 아버지는 상당한 애연가입니다.
父はかなりの愛煙家です。
치찌와 가나리노 아이엥까데스

💡 식사 후의 한 대는 정말로 맛있습니다.
食事後の一服は実にうまいです。
쇼꾸지고노 입뿌꾸와 지쯔니 우마이데스

💡 특히 초조할 때 피우면 기분이 좋아집니다.
特にいらいらした時に吸うと気分が良くな
ります。
토꾸니 이라이라시따 도끼니 스우또 기붕가 요꾸나리마스

💡 2년 전에 금연했습니다.
2年前に禁煙しました。
니넴 마에니 깅엔시마시따

💡 아직 담배를 피우고 있니? 금연 중이라고 생각했는데.
まだタバコを吸ってる? 禁煙中だと思ったのに。
마다 다바꼬오 슷떼루 깅엔쮸-다또 오못따노니

202

365

체크인에 문제가
생겼을 때

💬 다시 한 번 확인해 주시겠어요?
もう一度調べていただけますか。
모- 이찌도 시라베떼 이따다께마스까

💬 예약을 취소하지 마세요.
予約を取り消さないでください。
요야꾸오 도리께사나이데 구다사이

💬 (예약되어 있지 않을 때) 다시 한 번 제 예약을 확인해 주십시오.
もう一度私の予約を調べてください。
모- 이찌도 와따시노 요야꾸오 시라베떼 구다사이

💬 방을 취소하지 않았습니다.
部屋をキャンセルしていません。
헤야오 칸세루시떼 이마셍

💬 다른 호텔을 찾으십시오.
ほかのホテルを探してください。
호까노 호떼루오 사가시떼 구다사이

전화를 걸 때

☕ 여보세요, 다나카 씨를 부탁합니다.

もしもし、田中さんをお願いします。

모시모시 다나까상오 오네가이시마스

☕ 여보세요, 요시다 씨 댁입니까?

もしもし、吉田さんのお宅ですか。

모시모시 요시다산노 오따꾸데스까

☕ 경리부 기무라 씨와 통화를 하고 싶은데요.

経理部の木村さんとお話ししたいんですが。

게-리부노 기무라산또 오하나시 시따인데스가

☕ 내선 10번을 부탁합니다.

内線の10番をお願いします。

나이센노 쥬-방오 오네가이시마스

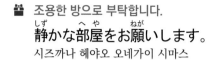

201

365

방을 결정할 ᄄ대

🏨 조용한 방으로 부탁합니다.
静かな部屋をお願いします。
시즈까나 헤야오 오네가이 시마스

🏨 전망이 좋은 방으로 부탁합니다.
眺めのいい部屋をお願いします。
나가메노 이- 헤야오 오네가이 시마스

🏨 좀 더 좋은 방은 없습니까?
もっとよい部屋はありませんか。
못또 요이 헤야와 아리마센까

🏨 좀 더 큰 방으로 바꿔 주세요.
もう少し大きい部屋にかえてください。
모- 스꼬시 오-끼- 헤야니 가에떼 구다사이

🏨 숙박카드에 기입해 주십시오.
宿泊カードにご記入ください。
슈꾸하꾸 카-도니 고키뉴- 구다사이

상대가
부재중일 때

☕ 언제 돌아오십니까?
いつお戻りになりますか。
이쯔 오모도리니 나리마스까

☕ 무슨 연락할 방법은 없습니까?
何とか連絡する方法はありませんか。
난또까 렌라꾸스루 호-호-와 아리마센까

☕ 그녀에게 연락할 수 있는 다른 번호는 없습니까?
彼女に連絡できる他の番号はありません
か。
가노죠니 렌라꾸데끼루 호까노 방고-와 아리마센까

☕ 나중에 다시 한 번 걸게요.
あとでもう一度かけなおします。
아또데 모- 이찌도 가께나오시마스

200
365

프런트에서
체크인할 때

📅 예약은 하셨습니까?
予約はされていますか。
요야꾸와 사레떼 이마스까

📅 예약은 한국에서 했습니다.
予約は韓国で済ませました。
요야꾸와 캉꼬꾸데 스마세마시다

📅 아직 예약을 하지 않았습니다.
まだ予約はしていません。
마다 요야꾸와 시떼 이마셍

📅 오늘 밤 빈방은 있습니까?
今夜、空き部屋はありますか。
공야 아끼베야와 아리마스까

📅 성함을 말씀하십시오.
お名前をどうぞ。
오나마에오 도-조

167

365

전화를 받을 때

☕ 제가 전화를 받겠습니다.
私が電話に出ましょう。
와따시가 뎅와니 데마쇼

☕ 접니다만.
私ですが。
와따시데스가

☕ 누구십니까?
どちら様でしょうか。
도찌라사마데쇼-까

☕ 잠시 기다려 주십시오.
少々お待ちください。
쇼-쇼- 오마찌 구다사이

☕ 기무라 씨, 다나카 선생님한테 전화입니다.
木村さん、田中先生からお電話です。
기무라상 다나까 센세-까라 오뎅와데스

365

전화로 호텔을
예약할 때

☎ 숙박요금은 얼마입니까?
宿泊料金はおいくらですか。
슈꾸하꾸료-낑와 오이꾸라데스까

☎ 1박에 얼마입니까?
一泊いくらですか。
입빠꾸 이꾸라데스까

☎ 요금에 조식은 포함되어 있나요?
料金に朝食は含まれていますか。
료-낀니 쵸-쇼꾸와 후꾸마레떼 이마스까

☎ 예약을 하고 싶은데요.
予約をしたいのですが。
요야꾸오 시따이노데스가

☎ 몇 박을 하실 겁니까?
何泊なさいますか。
남빠꾸 나사이마스까

168

365

전화를 받을 수
없을 때

☕ 미안합니다. 아직 출근하지 않았습니다.
すみません。まだ出社しておりません。
스미마셍 마다 슛샤시떼 오리마셍

☕ 잠깐 자리를 비웠습니다.
ちょっと席をはずしております。
촛또 세끼오 하즈시떼 오리마스

☕ 미안합니다. 오늘은 쉽니다.
すみません、今日は休みを取っております。
스미마셍 쿄-와 야스미오 돗떼 오리마스

☕ 방금 점심을 먹으러 나갔는데요.
ただいま昼食に出ておりますが。
다다이마 츄-쇼꾸니 데떼 오리마스가

☕ 미안합니다, 지금 회의 중입니다.
すみません、ただいま会議中です。
스미마셍 다다이마 카이기쮸-데스

198

365

관광안내소에서
호텔을 예약할
때

🎪 여기서 호텔 예약할 수 있습니까?

ここでホテルの予約ができますか。

고꼬데 호떼루노 요야꾸가 데끼마스까

🎪 공항까지 데리러 옵니까?

空港まで迎えに来てくれますか。

쿠-꼬-마데 무까에니 기떼 구레마스까

🎪 그 호텔은 어디에 있습니까?

そのホテルはどこにありますか。

소노 호떼루와 도꼬니 아리마스까

🎪 다른 호텔을 소개해 주십시오.

他のホテルを紹介してください。

호까노 호떼루오 쇼-까이시떼 구다사이

169

365

메시지를
부탁할 때

☕ 전해 주시겠습니까?
伝言していただけますか。
뎅곤시떼 이따다께마스까

☕ 기무라한테 전화가 왔다고 전해 주십시오.
木村から電話があったとお伝えください。
기무라까라 뎅와가 앗따또 오쓰따에 구다사이

☕ 돌아오면 나에게 전화를 주도록 말해 주세요.
戻りましたら、私に電話をくれるように言ってください。
모도리마시따라 와따시니 뎅와오 구레루 요-니 잇떼 구다사이

☕ 돌아오면 전화하도록 말할까요?
帰ったら電話するように言いましょうか。
가엣따라 뎅와스루 요-니 이이마쇼-까

☕ 메시지를 전해 드릴까요?
伝言をお伝えしましょうか。
뎅공오 오쓰따에 시마쇼-까

포터를 이용할 때

포터를 찾고 있습니다.

ポーターを探しています。

포-타-오 사가시떼 이마스

이 짐을 택시승강장까지 옮겨 주세요.

この荷物をタクシー乗り場まで運んでください。

고노 니모쯔오 타꾸시- 노리바마데 하꼰데 구다사이

이 짐을 버스정류소까지 옮겨 주세요.

この荷物をバス乗り場まで運んでください。

고노 니모쯔오 바스 노리바마데 하꼰데 구다사이

카트는 어디에 있습니까?

カートはどこにありますか。

카-또와 도꼬니 아리마스까

짐을 호텔로 보내 주세요.

荷物をホテルに届けてください。

니모쯔오 호떼루니 토도께떼 구다사이

전화 트러블

☕ 번호가 틀린 것 같습니다만.
番号をお間違えのようですが。
방고-오 오마찌가에노 요-데스가

☕ 몇 번에 거셨습니까?
何番へおかけですか。
남방에 오까께데스까

☕ 미안합니다, 번호를 잘못 걸었습니다.
すみません、番号をかけ間違えました。
스미마셍 방고-오 가께마찌가에마시따

☕ 미안합니다, 여기에는 마쓰모토라는 이름을 가진 사람이 없습니다.
すみません、こちらには松本という名の者は
おりません。
스미마셍 고찌라니와 마쓰모또또유- 나노 모노와 오리마셍

☕ 실례했습니다. 끊어져 버렸습니다.
失礼しました。切れてしまいました。
시쯔레-시마시따 기레떼 시마이마시따

공항 내의
관광안내소에서

관광안내소는 어디에 있습니까?

観光案内所はどこですか。
かんこうあんないじょ

캉꼬-안나이죠와 도꼬데스까

시가 지도와 관광 팸플릿을 주시겠어요?

市街地図と観光パンフレットをください。
しがいちず　　かんこう

시가이치즈또 캉꼬- 팡후렛또오 구다사이

매표소는 어디에 있습니까?

切符売場はどこですか。
きっぷうりば

킵뿌우리바와 도꼬데스까

호텔 리스트는 있습니까?

ホテルリストはありますか。

호떼루리스또와 아리마스까

여기서 렌터카를 예약할 수 있습니까?

ここでレンタカーの予約ができますか。
よやく

고꼬데 렌따카-노 요야꾸가 데끼마스까

365

은행 창구에서

☕ 은행은 어디에 있습니까?
銀行はどこにありますか。
ぎんこう
깅꼬-와 도꼬니 아리마스까

☕ 5만 엔을 인출하고 싶은데요.
5万円引き出したいのですが。
ごまんえん ひ だ
고망엥 히끼다시따이노데스가

☕ 공제잔고는 얼마나 됩니까?
引き出し残高はいくらになりますか。
ひ だ ざんだか
히끼다시잔다까와 이꾸라니 나리마스까

☕ 현금자동인출기는 어디에 있습니까?
現金自動支払機はどこにありますか。
げんきん じ どう し はらい き
겡낀 지도-시하라이끼와 도꼬니 아리마스까

195

365

세관검사를
받을 때

👥 여권과 신고서를 보여 주십시오.

パスポートと申告書を拝見します。

파스뽀-또또 싱꼬꾸쇼오 하이껜시마스

👥 세관신고서는 가지고 계십니까?

税関申告書をお持ちですか。

제-깐싱꼬꾸쇼오 오모찌데스까

👥 신고할 것은 있습니까?

申告するものはありますか。

싱꼬꾸스루 모노와 아리마스까

👥 이 가방을 열어 주십시오.

このバッグを開けてください。

고노 박구오 아께떼 구다사이

👥 내용물은 무엇입니까?

中身は何ですか。

나까미와 난데스까

우체국에서

☕ 근처에 우체국이 있습니까?
近くに郵便局はありますか。
치까꾸니 유-빙쿄꾸와 아리마스까

☕ 우표를 5장 주세요.
切手を5枚ください。
깃떼오 고마이 구다사이

☕ 이 편지 요금은 얼마입니까?
この手紙の送料はいくらですか。
고노 데가미노 소-료-와 이꾸라데스까

☕ 항공편이라면 얼마나 듭니까?
航空便だといくらかかりますか。
코-꾸-빈다또 이꾸라 가까리마스까

☕ 이걸 등기로 보내 주세요.
これを書留にしてください。
고레오 가끼또메니 시떼 구다사이

짐을 찾을 때

🛄 짐은 어디서 찾습니까?
手荷物はどこで受け取りますか。
테니모쯔와 도꼬데 우께또리마스까

🛄 이건 714편 턴테이블입니까?
これは714便のターンテーブルですか。
고레와 나나햐꾸쥬-욘빈노 타-ㄴ테-부르데스까

🛄 714편 짐은 나왔습니까?
714便の荷物はもう出てきましたか。
나나햐꾸 쥬-욘빈노 니모쯔와 모- 데떼 키마시따까

🛄 제 짐이 보이지 않습니다.
私の手荷物が見つかりません。
와따시노 데니모쯔가 미쓰까리마셍

🛄 이게 수화물인환증입니다.
これが手荷物引換証です。
고레가 데니모쯔 히끼까에쇼-데스

환전하거나
수표를 바꿀 때

☕ 환전 창구는 어디인가요?

両替の窓口はどちらですか。
りょうがえ　まどぐち

료-가에노 마도구찌와 도찌라데스까

☕ 오늘 환율은 얼마입니까?

今日の交換レートはいくらですか。
きょう　こうかん

쿄-노코-깐 레-또와 이꾸라데스까

☕ 여행자수표를 사고 싶은데요.

旅行者小切手を買いたいのですが。
りょこうしゃ こぎって　か

료-꼬-샤 고깃떼오 가이따이노데스가

☕ 여행자용 수표를 현금으로 바꾸고 싶은데요.

旅行者用小切手を現金に換えたいのですが。
りょこうしゃよう こぎって　げんきん　か

료꼬-샤요- 고깃떼오 겡낀니 가에따이노데스가

☕ 수표 전부 서명이 필요합니까?

小切手の一枚一枚に署名が必要ですか。
こぎって　いちまいいちまい　しょめい　ひつよう

고깃떼노 이찌마이 이찌마이니 쇼메이가 히쯔요-데스까

입국심사를
받을 때

 입국 목적은 무엇입니까?
入国の目的は何ですか。
뉴-꼬꾸노 모꾸떼끼와 난데스까

 얼마나 체류하십니까?
何日間の滞在ですか。
난니찌깡노 타이자이데스까

 어디에 머무십니까?
どこに滞在しますか。
도꼬니 타이자이시마스까

 (메모를 보이며) 숙박처는 이 호텔입니다.
宿泊先はこのホテルです。
슈꾸하꾸사끼와 고노 호떼루데스

예금하거나
대출을 받을 때

☕ 예금하고 싶은데요.
預金<small>よきん</small>したいのですが。
요낀시따이노데스가

☕ 계좌를 개설하고 싶은데요.
口座<small>こうざ</small>を設<small>もう</small>けたいのですが。
코-자오 모-께따이노데스가

☕ 보통예금계좌로 해 주세요.
普通預金口座<small>ふつうよきんこうざ</small>にしてください。
후쓰-요낑 코-자니 시떼 구다사이

☕ 정기예금과 적금 중에 어느 것이 좋겠어요?
定期預金<small>ていきよきん</small>と積立預金<small>つみたてよきん</small>ではどちらがいいでしょうか。
데-끼요낀또 쓰미타떼요낀데와 도찌라가 이-데쇼-까

☕ 이율은 몇 퍼센트입니까?
利息<small>りそく</small>は何<small>なん</small>パーセントですか。
리소꾸와 난파-센또데스까

192

365

페리(선박)를
이용할 때

🎫 (승선권을 보이며) 제 선실은 어딘가요?

私の船室はどこですか。

와따시노 센시쯔와 도꼬데스까

🎫 어느 것이 제 침구입니까?

どれが私の寝具ですか。

도레가 와따시노 싱구데스까

🎫 매점은 어디에 있습니까?

売店はどこにありますか。

바이뗑와 도꼬니 아리마스까

🎫 식당은 있습니까?

食堂はありますか。

쇼꾸도-와 아리마스까

🎫 배멀미가 납니다.

船酔いにかかりました。

후나요이니 가까리마시따

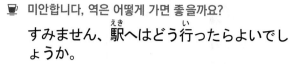

175

365

길을 물을 때

☕ 미안합니다, 역은 어떻게 가면 좋을까요?

すみません、駅へはどう行ったらよいでしょうか。

스미마셍 에끼에와 도- 잇따라 요이데쇼-까

☕ 팔레스 호텔로 가는 길을 가르쳐 줄래요?

パレスホテルへ行く道を教えてくれますか。

파레스 호떼루에 이꾸 미찌오 오시에떼 구레마스까

☕ 미안합니다, 책방을 찾고 있는데, 이 근처에 있습니까?

すみません、本屋を探してるんですが、この辺にありますか。

스미마셍 홍야오 사가시떼룬데스가 고노 헨니 아리마스까

☕ 우에노 공원은 이 길로 가면 됩니까?

上野公園はこの道でいいんでしょうか。

우에노 코-엥와 고노 미찌데 이인데쇼-까

몸이 불편하거나
궁금한 사항을
물을 때

비행기 멀미약은 있습니까?

飛行機酔いの薬はありますか。

히꼬-끼요이노 구스리와 아리마스까

좀 몸이 불편합니다. 약을 주시겠어요?

少し気分が悪いのです。何か薬をください。

스꼬시 기붕가 와루이노데스 낭까 구스리오 구다사이

추운[더운]데요.

寒い[暑い]のですが。

사무이[아쯔이]노데스가

아까 부탁한 물이 아직 안 나왔습니다.

先ほど頼んだ水がまだです。

사끼호도 다논다 미즈가 마다데스

헤드폰 상태가 안 좋습니다.

ヘッドホーンの調子が悪いです。

헷도호-온 쵸-시가 와루이데스

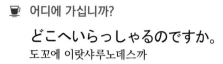

176

길을 가르쳐 줄 때

☕ 어디에 가십니까?

どこへいらっしゃるのですか。

도꼬에 이랏샤루노데스까

☕ 이 길로 곧장 가세요.

この道を真っ直ぐ行ってください。

고노 미찌오 맛스구 잇떼 구다사이

☕ 두 번째 모퉁이에서 왼쪽으로 도세요.

2つ目の角を左に曲がりなさい。

후따쯔메노 카도오 히다리니 마가리나사이

☕ 지금 온 길을 돌아가야 합니다.

今来た道を戻らないといけません。

이마 기따 미찌오 모도라나이또 이께마셍

☕ 여기서 걸어서 약 3분 정도입니다.

ここから歩いてほんの3分ほどです。

고꼬까라 아루이떼 혼노 삼뿐 호도데스

입국카드 작성과
면세품 구입

이것은 입국카드입니까?

これは入国<ruby>入国<rt>にゅうこく</rt></ruby>カードですか。

고레와 뉴-꼬꾸 카-도데스까

이 서류 작성법을 가르쳐 주시겠어요?

この書類<ruby>書類<rt>しょるい</rt></ruby>の書<ruby>書<rt>か</rt></ruby>き方<ruby>方<rt>かた</rt></ruby>を教<ruby>教<rt>おし</rt></ruby>えてください。

고노 쇼루이노 가키까따오 오시에떼 구다사이

기내에서 면세품을 판매합니까?

免税品<ruby>免税品<rt>めんぜいひん</rt></ruby>を機内販売<ruby>機内販売<rt>きないはんばい</rt></ruby>していますか。

멘제-힝오 기나이 함바이 시떼 이마스까

어떤 담배가 있습니까?

どんなタバコがありますか。

돈나 다바꼬가 아리마스까

(면세품 사진을 가리키며) 이것은 있습니까?

これはありますか。

고레와 아리마스까

177

365

길을 물어 올 때

☕ 미안합니다. 잘 모르겠습니다.

すみません。よくわかりません。

스미마셍 요꾸 와까리마셍

☕ 저도 여기는 처음이라서요.

私もここは初めてなものですから。

와따시모 고꼬와 하지메떼나모노데스까라

☕ 저는 여행자입니다.

私は旅行者なのです。

와따시와 료꼬-샤나노데스

☕ 미안하지만, 이 주변은 그다지 잘 모릅니다.

すみませんが、このあたりはあまりよく知らないんです。

스미마셍가 고노 아따리와 아마리 요꾸 시라나인데스

☕ 다른 사람에게 물어보십시오.

だれかほかの人に聞いてください。

다레까 호까노 히또니 기이떼 구다사이

189

365

기내 서비스를
받을 때

어떤 음료가 있습니까?

どんな飲_のみ物_{もの}がありますか。

돈나 노미모노가 아리마스까

맥주를 주시겠습니까?

ビールをいただけますか。

비-루오 이따다께마스까

베개와 모포를 주세요.

枕_{まくら}と毛布_{もうふ}をください。

마꾸라또 모-후오 구다사이

식사는 언제 나옵니까?

食事_{しょくじ}はいつ出_でますか。

쇼꾸지와 이쯔 데마스까

택시를 이용할 때

☕ 택시승강장은 어디에 있습니까?

タクシー乗り場はどこですか。

타꾸시-노리바와 도꼬데스까

☕ 트렁크를 열어 주시겠어요?

トランクを開けてください。

토랑꾸오 아께떼 구다사이

☕ (주소를 보이며) 이 주소로 가 주세요.

ここへ行ってください。

고꼬에 잇떼 구다사이

☕ 여기서 세워 주세요.

ここで止めてください。

고꼬데 도메떼 구다사이

차가 고장 났을 때

☕ 배터리가 떨어졌습니다.

バッテリーがあがってしまいました。

밧떼리-가 아갓떼 시마이마시따

☕ 펑크가 났습니다.

パンクしました。

팡꾸시마시따

☕ 시동이 걸리지 않습니다.

エンジンがかからないんです。

엔징가 가까라나인데스

☕ 브레이크가 잘 안 듣습니다.

ブレーキのききがあまいです。

부레-끼노 기끼가 아마이데스

☕ 고칠 수 있습니까?

修理できますか。
しゅう り

슈-리 데끼마스까

☕ 어느 버스를 타면 됩니까?

どのバスに乗ればいいですか。

도노 바스니 노레바 이-데스까

☕ 갈아타야 합니까?

乗り換えなければなりませんか。

노리까에나께레바 나리마센까

☕ 여기서 내려요.

ここで降ります。

고꼬데 오리마스

☕ 버스 터미널은 어디에 있습니까?

バスターミナルはどこにありますか。

바스타-미나루와 도꼬니 아리마스까

☕ 돌아오는 버스는 어디서 탑니까?

帰りのバスはどこから乗るのですか。

가에리노 바스와 도꼬까라 노루노데스까

주유·주차할 때

☕ 이 근처에 주유소가 있습니까?

この<ruby>近<rt>ちか</rt></ruby>くにガソリンスタンドはありますか。

고노 치까꾸니 가소린스딴도와 아리마스까

☕ 가득 넣어 주세요.

<ruby>満<rt>まん</rt></ruby>タンにしてください。

만딴니 시떼 구다사이

☕ 선불입니까, 후불입니까?

<ruby>先払<rt>さきばらい</rt></ruby>ですか、<ruby>後払<rt>あとばらい</rt></ruby>ですか。

사끼바라이데스까 아또바라이데스까

☕ 여기에 주차해도 됩니까?

ここに<ruby>車<rt>くるま</rt></ruby>を<ruby>駐車<rt>ちゅうしゃ</rt></ruby>してもいいですか。

고꼬니 구루마오 츄-샤시떼모 이-데스까

☕ 전철 노선도를 주시겠습니까?
電車の路線図をください。
덴샤노 로센즈오 구다사이

☕ 이 근처에 지하철역이 있습니까?
この近くに地下鉄の駅はありませんか。
고노 치까꾸니 치까떼쓰노 에끼와 아리마센까

☕ 자동매표기는 어디에 있습니까?
切符販売機はどこですか。
깁뿌함바이끼와 도꼬데스까

☕ 신주쿠로 가려면 어느 선을 타면 됩니까?
新宿へ行くにはどの線に乗ればいいですか。
신쥬꾸에 이꾸니와 도노센니 노레바 이-데스까

☕ 우에노공원으로 가려면 어디로 나가면 됩니까?
上野公園へ行くにはどこから出たらいいで
すか。
우에노 코-엥에 이꾸니와 도꼬까라 데따라 이-데스까

186

365

차를 운전하면서

☕ 긴급연락처를 알려 주시겠어요?

緊急連絡先を教えてください。

킹뀨-렌라꾸사끼오 오시에떼 구다사이

☕ 도로지도를 주시겠습니까?

道路地図をいただけますか。

도-로치즈오 이따다께마스까

☕ 닛코는 어느 길로 가면 됩니까?

日光へはどの道を行けばいいですか。

닉꼬-에와 도노 미찌오 이께바 이-데스까

☕ 곧장입니까, 아니면 왼쪽입니까?

まっすぐですか、それとも左ですか。

맛스구데스까 소레또모 히다리데스까

☕ 하코네까지 몇 킬로미터입니까?

箱根まで何キロですか。

하코네마데 낭키로데스까

☕ 매표소는 어디입니까?

切符売り場はどこですか。

깁뿌우리바와 도꼬데스까

☕ 오사카까지 편도 주세요.

大阪までの片道切符をください。

오-사까마데노 가따미찌 깁뿌오 구다사이

☕ 예약 창구는 어디입니까?

予約の窓口はどこですか。

요야꾸노 마도구찌와 도꼬데스까

☕ 급행열차입니까?

急行列車ですか。

큐-꼬-렛샤데스까

☕ 3번 홈은 어디입니까?

3番ホームはどこですか。

삼방 호-무와 도꼬데스까

365

렌터카 요금과
보험

☕ 선불이 필요합니까?
前金が必要ですか。
まえきん　ひつよう
마에낑가 히쯔요-데스까

☕ 보증금은 얼마입니까?
保証金はいくらですか。
ほしょうきん
호쇼-낑와 이꾸라데스까

☕ 1주간 요금은 얼마입니까?
一週間の料金はいくらですか。
いっしゅうかん　りょうきん
잇슈-깐노 료-낑와 이꾸라데스까

☕ 특별요금은 있습니까?
特別料金はありますか。
とくべつりょうきん
토꾸베쯔료-낑와 아리마스까

☕ 그 요금에 보험은 포함되어 있습니까?
その料金に保険は含まれていますか。
りょうきん　ほけん　ふく
소노 료-낀니 호껭와 후꾸마레떼 이마스까

비행기를
이용할 때

☕ 비행기 예약을 부탁합니다.
フライトの予約をお願いします。
후라이또노 요야꾸오 오네가이시마스

☕ 내일 홋카이도행 비행기 있습니까?
明日の北海道行きの便はありますか。
아시따노 혹까이도 유끼노 빙와 아리마스까

☕ 일본항공 카운터는 어디입니까?
日本航空のカウンターはどこですか。
니홍코-꾸-노 카운따-와 도꼬데스까

☕ 지금 체크인할 수 있습니까?
今チェックインできますか。
이마 첵꾸인 데끼마스까

☕ 이 짐은 기내로 가지고 갑니다.
この荷物は機内持ち込みです。
고노 니모쯔와 기나이 모찌꼬미데스

184

365

차종을 고를 때

☕ 어떤 차가 있습니까?

どんな車がありますか。

돈나 구루마가 아리마스까

☕ 렌터카 목록을 보여 주시겠어요?

レンタカーリストを見せてもらえますか。

렌따카- 리스또오 미세떼 모라에마스까

☕ 어떤 타입의 차가 좋으시겠습니까?

どのタイプの車がよろしいですか。

도노 타이뿌노 구루마가 요로시-데스까

☕ 중형차를 빌리고 싶은데요.

中型車を借りたいのですが。

츄-가따샤오 가리따이노데스가

☕ 오토매틱밖에 운전하지 못합니다.

オートマチックしか運転できません。

오-또마칙꾸시까 운뗀 데끼마셍